太极拳抗衰老葆青春系列之一

太极拳不老春养生心法揭秘

钱惕明 著

人民体育出版社

太極拳好

鄧小平

一九七八年十一月十六日

《新体育》杂志发表　中国武术研究院供稿

1978年11月15日，时任国务院副总理的邓小平同志，在北京前门烤鸭店举行午餐会，欢迎来华访问的日本国会议员代表团，陪餐的有时任中日友好协会会长廖承志。

席间，日本国会议员代表团团长三宅正一副议长谈到他正在学习太极拳时，小平同志介绍了太极拳的优点。从言谈中三宅正一觉得小平同志对太极拳“有很深的体会”，便请求邓小平为广大日本太极拳爱好者题词作为纪念，小平同志欣然应允，几天后，派专人将题词送交三宅正一。

此后，中日两国太极拳交流活动取得了很大成果。

钱惕明摘自《新体育》杂志报道

2015.6.10

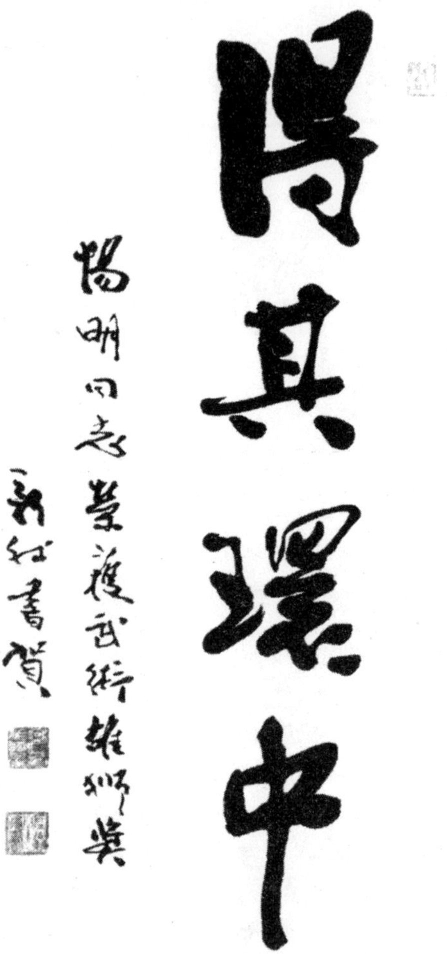

费新我，全国著名书法家，特书《得其环中》条幅，祝贺钱惕明荣获1986年全国武术观摩交流大赛雄狮金奖

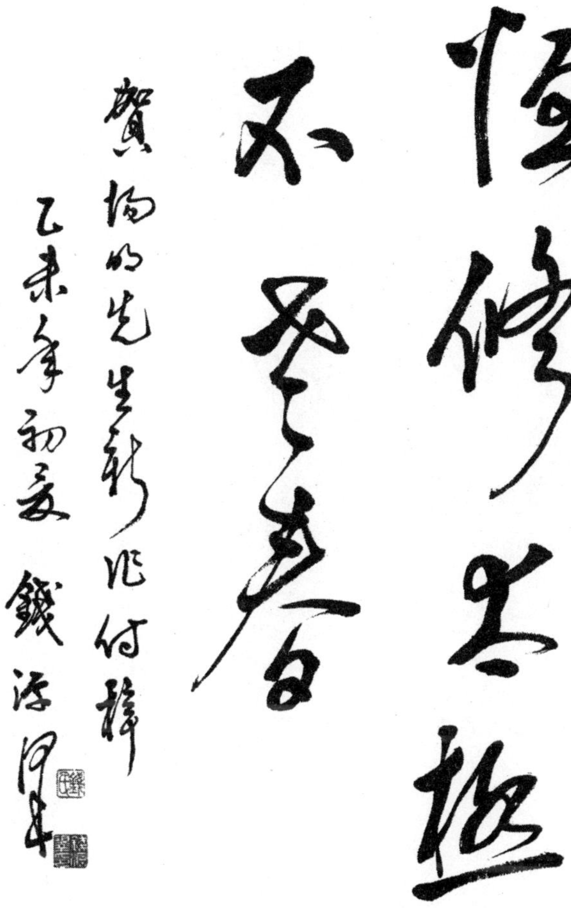

钱源泽，中国武术十大教练员、国家武术九段、中国武术十佳裁判、国际级武术裁判、裁判员导师

贺《太极拳抗衰老保青春系列》出版

武当有神功

太极结天命

洪耀乙未夏于武当

刘洪耀，武当山武当拳法研究会会长，《武当》杂志社社长、主编

Li Jing-lin in a photo taken when he served as director of the Judging Committee for the First National Martial Arts Platform Competition in November 1929.

Yang Kui-Shan in a photo taken when he entered the First National Martial Arts Platform Competition in Hangzhou, November 1929.

must spend time investigating and practicing the fighting applications of their form to further their understanding of the art that they practice.

When Wudang Sword was created, Zhang San-Feng set up a system consisting of nine branches. They were represented by Chinese characters of Zi, Zhu, Ji, Fu, Jian, Qi, Fu, Chou, Dan. The last character "Dan" refers to the branch of Wudang Dan Pai (branch or school), which is famous for its representing technique—Wudang Sword.

From the 1st generation lineage holder, Master Zhang Song-Xi, Wudang Sword has been passed down for thirteen generations. Table 1 shows the lineage of Wudang Dan Pai Wudang Sword from the first generation to the tenth.

Among the masters mentioned above, the 10th generation lineage holder, Li Jing-Lin, inherited the tradition of the old and breathed new life into the system. Because of this combination of the traditional and the innovative, he became a shining light in the martial community.

Li Jing-Lin (1884-1931), also named Fang-Chen, was from Zhao Qiang County in He Bei Province. He came from the martial art world, but held many high ranking positions in the military of a powerful government official, Zhang Zuo-Lin. After being taken as disciple by Song Wei-Yi, he became a lineage holder who not only inherited traditional techniques but also created a prosperous future for Wudang Dan Pai.

He was nicknamed "Immortal Sword Li" by the martial arts world because of his amazing sword techniques. Not only were his movements beautiful to watch, but also it was his powerful and shocking applications of the sword art that garnered him much praise and respect.

In 1920, when Master Li's military was posted in Tianjin, in order to pro-

	Name	Years Taken as Disciple	Location Taken as Disciple
10th generation successor Li Jing-Lin took more than 180 disciples in Tianjin, Shanghai and Hangzhou, among them are…	Yang Kui-Shan	1920	Tianjin
	Lin Zhi-Yun	1922	Tianjin
	Li Qian-Lan	1922	Tianjin
	Guo Xian-San	1922	Tianjin
	Hao Jia-Jun	1924	Tianjin
	Jiang Rong-Qiao & his friends	1926	Shanghai
	Chu Gui-Ting	1926	Shanghai
	Li Yu-Lin	1929	Hangzhou
	Guo Qi-Feng	1929	Hangzhou
	Huang Yun-Xiou	1929	Hangzhou
	44 people including Yeh Da-Mi	1929	Hangzhou

Table 2: Part of the 11th Generation Successors of Wudang Dan Pai.

武当丹派李景林、杨奎山两位宗师肖像首次发表于2002年美国《太极》杂志，由钱惕明供稿

1987年夏，作者出席全国首届武术科学研讨会期间，与武当大师李天骥（中）、师弟吴志泉（左）合影于北京西山饭店

1987年在武当拳法研究会门前，与武当名宿黄万祥（前排中）、王继征（前排左）、吴志泉（后排左二）等合影。前排右二为作者钱惕明

1989年秋应邀出席首届武当内家拳功理功法研讨会。左为师弟吴志泉，右为弟子石国元

2006年9月钱惕明赴武当山拜会武当山道教协会李会长，两人亲切交谈

2008年由钱惕明领队的美国西雅图国际武当武术协会武当山朝圣团，受到武当山道教协会和武当山武当拳法研究会热烈欢迎，图为钱惕明向武当山武当拳法研究会会长刘洪耀赠送锦旗

2010年6月于常州，早期弟子补行拜师仪式

2002年2月在美国西雅图举行第二次收徒仪式

2014年元旦举行第三次收徒仪式

作者与早期弟子石国元根据武当丹派武当行剑原理和道教阴阳五行学说，创编太极五行阵等阵法，变化莫测

2011年5月19日西雅图，武当丹派十二代传人钱惕明与美国部分学生合影

2015年5月师门部分人员合影

作者与弟子的练武掠影

2014年10月与挚友、中国著名铸剑大师陈阿金合影于浙江龙泉

教授弟子石国元武当行剑之提剑势

教授美国弟子张悟纳武当活步对剑

教授早期弟子王小明、石国元等演习武当活步对剑之基本功

教授美国弟子吕美惠演习武当活步对剑的燕双飞

作者简介

他，虽年届87岁高龄，依然日日练功，深修太极拳：动时，身手敏捷；缓时，轻柔飘逸，浑身充满英姿勃发、青春不老之气息。而且，他耳聪目明，头脑清晰，文思不枯，笔耕不止，常有著述。这足以表明他已深得太极拳不老春心法的奥秘，成为修研太极拳长寿的典范。

他是谁？他就是武当丹派十二代传人、武当内丹太极拳掌门人、现为国家武术八段的钱惕明先生；他又任武当山武当拳法研究会顾问，是常州市武术协会主要创建人、终身名誉主席，国际著名武术教练员、著名太极拳养生大家。

钱老1929年7月生，江苏无锡市堰桥镇人，国家离休干部。早在1952年已列武当丹派门墙，在常州入室武当丹派十代宗师、雅号“剑仙”的李景林首席大弟子杨奎山（林甫）门下，得师真传，擅武当行剑、太极拳、太极阴符棍、太极内丹功、太极青春功以及形意、八卦诸艺，并早获殊荣。1984年获江苏省老拳师献艺大会优秀奖，1986

年获全国武术观摩交流大赛雄狮金奖，1991年获武当山首届武术文化节优秀大奖。

1993年，钱老访美，宣扬中华武术，当地洛杉矶的《国际日报》曾专题报道《中国武术家钱惕明访美》。接着于2001年专程去美国传授以武当丹派武功为主要内容的中华武术，并于2002年举行收徒仪式，收受美国弟子。又在西雅图成立国际武当武术协会，任会长；又在华盛顿大学实验学院和BCC社区大学任教，教授太极拳等武功；这期间又自行举办武术培训班，从学者千余人。

钱老拜师学艺63年来，恒修太极拳，悟道日深。他勤悟师授，参修众家，融会贯通，自成一脉，推陈出新，形成理念上的创新、内劲心法上的创新、内功功法上的创新和基本功功法上的创新，以及太极命题上的创新。尤其是站在天道、人道、拳道相结合的高度，练拳又练人，养生先养心，达到完善太极人生的高尚境界，从而发展了武当内丹太极拳，极大地提高了身、心、灵整体修炼成效。

钱老文武兼修，凭借深修武道和长期从事新闻工作的功底，撰文著书。早从1982年起，就在《武林》《武当》《中华武术》和《少林与太极》等期刊上以及全国性武术学术研讨会上发表武当剑、太极拳等武学论文二十多篇，又在美国的《太极》杂志发表《太极之魂——阴阳中和之道》和《武当剑真谛》等4篇论文，并登上美国《太极》杂志 2005年2月号的封面人物。

在发表论文的基础上，钱老著书立说，2008年由人民体育出版社出版了《太极内功心法全书》（上下卷约六十余万字），畅销业内，至今已第7次再版。钱老在心法全书中阐发多项太极拳新论，如提出练拳要练人，养生先养心；详论太极心法的源头、目的、法则以及心法之魂；首次提出太极内功内劲是人体潜能开发的新能量，还有太极拳性命双修的创见；详论太极人生，得太极者，得大道、拳道、人道也。

他本人，身体力行，深修太极拳，做到太极生活化、生活太极化，把修炼太极融于生活之中，一举一动尽量体现太极思维、太极动作、太极精神，练拳又练人，以达完善人生。

钱老的业绩，入编《中国武术名人辞典》，入传《中华武林著名人物传》，为世人瞩目。

序

老友钱惕明先生新著《太极拳不老春养生心法揭秘》一书的出版，是太极拳运动中的一件盛事。

现在流行的各家各式太极拳，都含有太极不老春心法，如今钱老选择“42式”为载体，增演和详注不老春心法，是很有新意的。

42式太极拳，是《太极拳竞赛套路》的简称，在1989年由国家体委颁布实施，作为国内外太极拳比赛的标准套路。如今，26年过去了，42式太极拳已成为全民健身的一个经典套路，作为当年参与《太极拳竞赛套路》编写组的每位成员一定会感到很欣慰。

今天，钱惕明先生用增演和详注的方式，将42式太极拳发扬光大，确是一大善举。

钱先生今年已届87岁高龄，依然身手敏捷，日日练功，而且耳聪目明，步履生风，文思敏捷，笔不耕辍，常有著作问世。这表明他已深得太极不老春养生心法之奥秘，堪称是一位太极寿翁。今天，他将原本不外传之秘——太极拳青春不老心法的奥秘，在增演和详注中公诸于世，造福全民健身，可喜可贺。

我与钱先生相识，是在1982年南京国际武术邀请赛上。那时，我代表国家体委运动司，前往南京参加大会工作。当时，钱惕明偕三位师弟到会观摩。大会休息时，他们一行来到我们住宿的江苏省体委招待所，看望与我们一起来的李天骥、张文广、何福生等同志。经李天骥先生介绍，得知钱惕明先生出自名门，是武当丹派十代宗师李景林嫡裔杨奎山门下高足，修炼武当武功已有多年。当即互致仰慕，并合影留念。

自此以后，常有交往，了解日深。钱先生得师真传，醉心武学修研，63年如一日。他勤悟师授，并参修众家，融会贯通，推陈出新，形成了太极理念上的创新、内功心法的创新、太极命题上的创新，以及太极基本功法的创新。特别是太极拳不老春养生心法的提炼与出新，尤为突出，他本人青春不老的修炼成果，就是生动的写照。所以，钱老是一代著名的太极拳名师。

如今，钱先生老骥伏枥，继2008年出版《太极内功心法全书》（上下卷）畅销书之后，今又出版《太极拳不老春养生心法揭秘》一书，详加披露太极拳不老春养生心法之奥秘，奉献给大家共同受益，故为之序。

張山

2015.5.12.

注：张山先生，国际武术联合会首任技术委员会主任，原国家武术研究院副院长、中国武术协会副主席，现任国家武术研究院专家委员会专家、武术国际裁判、国家武术九段。

前 言

人人都有巨大潜能 个个都能青春不老

放眼世界，在人体生命领域，正在掀起抗衰老、保青春的世界新潮流。

在这新潮流中，有两大主流，一是中国传统养生文化的新发展，二是西方的养生革命。这两大主流，有声有色地推动着世界养生新潮的发展。

回顾我国的养生文化，萌芽于原始社会，随着民族文化的发展，形成了领先世界的养生文化传统，其中最突出的有三点：

一是道家率先提出并实践的“我命在我不在天”的自信自立的生命观，以及《黄帝内经》提出并实行的“治未病”的预防为主的积极养生观。

二是经儒、道、释、医、武各界共同研究、总结而创造的一系列行之有效的养生功法，如久负盛名的五禽戏、八段锦、十二段锦、易筋经等养生功法，以及诸家静坐法。

三是祖国的武术先贤们，依照太极学说的宇宙观、人生观和道家学说，总结武术运动实践，创造了以内丹功为功底的寓武功与养生为一体的新型拳种——太极拳。

这三大优势，构成了我国领先于世的养生文化，特别是举世无双的太极拳，更是独领风骚。

至于西方的养生革命，迟迟于进入21世纪前后，才明确提出重视发挥个人抗老化的能力与作用，其中有代表性的迄今有三件事：一是脊骨神经医学的兴起，主张不吃药、不打针，发挥个人自我身心的作用，从运动和生活方式获得健康；二是被誉为国际抗老大师的尼可拉斯·裴礼康医学博士，从2000年起，连续出版了《除皱美肤圣经》《抗老化圣经》和《再创青春不老奇迹》三部畅销书，他在自序中说“我们就站在扭转老化这场革命的起点”；三是被誉为世界能量疗愈导师的亚历克师·洛尹德整理出一整套功法，通过“修复潜意识，开启正能量”治愈疾病、抗拒衰老，在西方养生革命中独树一帜。

综观我国的养生文化传统和西方的养生革命，就养生功能来说，深感太极拳是世上最能抗衰老葆青春的内外兼修而又高尚优雅的运动。

为何如此断言？因为从1952年以来，我恒修太极拳63年，切身体验到太极拳是健康之宝、长寿之宝、青春不老之宝、开发智慧之宝，而且是开发人体潜能、完善人生之宝，人们常说的幸福、性福都在其中了。

太极拳果能有此神效吗？有！全国练太极拳者已逾1亿人口，得益者比比皆是，本人就是其中比较突出的一员。

回顾我年轻时，体质衰弱。当时在常州日报社工作，采访、写作、编辑，忙得不可开交，常常到深夜1点才睡，第二天8点还得照常上班，越来越感到身体难以支持。于是，接受一位著名中医的建议，学练太极拳，一个多月下来，居然见效，体力与精神好多了。于是信心大增，进一步拜师学艺，于1952年秋，入室武当丹派十一代传人杨奎山（林甫）门下，认认真真地深入研修太极哲学理论、太极拳内功心法、武功心法和不老春养生心法，终获身、心、灵整体健康。时今，我年届87岁高龄，依然日日练功，身手敏捷，步履生风，活力充沛，且耳聪目明，文思不枯，笔耕不止，并有专著问世。朋友们戏称我为“老顽童”。

“老顽童”为何得益？主要原因有二：

一是太极拳心法具有开发人体潜能的功能，而人人都有尚未开发的巨大潜能，目前人们日常运用的能量只是巨大潜能宝库中的很小部分，绝大部分尚未开发。

二是笔者从一般的“打打太极拳”到恒久地、全面深入地修炼太极拳心法，不断总结、提炼、升华，终获成果，终于得益。

“老顽童”既已得益，不敢藏私，把太极不老春养生心法公诸于众，所以继2008年出版《太极内功心法全书》之后，撰写这太极拳抗衰老葆青春系列图书。

本书的宗旨，试图以太极哲理、拳理、内功心法为基础，结合中医知识和西方新兴的自然疗法理念，经过自身的体悟和众多太极拳得益者的实证，把太极拳“不老春”心法奥秘揭示出来，奉献于社会、奉献于广大太极拳爱好者，让太极拳成为开启人体潜能、激发青春不老的金钥匙。

我的信念是：
人人都有巨大潜能！
个个都能青春不老！

钱惕明
2012年10月21日初稿于西雅图
2015年5月26日改于常州市

目　录

第一篇

开 篇

长生不老——人类永恒的主题

人类，无论男人和女人，无论何种、何族、何肤色，无论中国还是世界列国，只要是人，谁不想青春常驻，谁不想永远健美，谁不想长生不老、永享人间欢乐！

于是，自古以来，人们四处寻访长生不老药，到处寻觅青春不老方。在西方，数千年来，广泛流传着饮用了“青春泉”的泉水可以长生不老的故事。在我国古代，早在战国时期就出现了求仙长生活动，例如齐威王、秦始皇、汉武帝等，都曾大规模派人求仙，期望找到不老方、不死草、青春泉。魏晋以后，又掀起了炼丹服食、期望长生的活动。然而事与愿违，时至今日，青春依然从人们身边悄悄离去。

当你发现脸容上出现稀许皱纹、两鬓产生丝丝白发时，你会猛吃一惊：怎么老了吗？那时你多么希望留住青春、延缓衰老啊！

至于一些老年人，则更为惶恐，眼看自己在一天天衰老下去，多么渴望追回昔日的青春啊，多么向往返老还童、重享青春的欢乐啊！

尤其是女人，更加渴望长生不老，永葆青春美貌！

于是，地不分南北，人不分老少，男人和女人，青年和壮年、乃至老年人，都纷纷行动起来，设法抗衰老葆青春了；于是，出现了抗衰老葆青春的世界新潮流。人们高呼：还我青春，青春万岁！

于是，《太极拳抗衰老葆青春系列》就顺应世界养生新潮而诞生了。

第二篇

总 论

太极，让生命更精彩，让青春更靓丽

纵观我国的养生文化和西方的养生革命，就养生功能而言，我国的太极拳是世上最能抗衰老葆青春的内外兼修而又是高雅的运动。

太极拳能有效地开发人体潜能，十分有效地提高人体自身的免疫功能和自我治愈能力，并持盈保泰，完善人生，让生命更精彩，让青春更靓丽！

欲达此境界，必须总揽太极拳的目的、功能、特征及其相关问题。

第一节 不老春——太极拳的最高境界

修炼太极拳的终极目的、最高境界是什么？是制敌、还是养生？抑或是两者的完美统一？

对于这一根本问题，历来就有不同的理解和练法，甚至争论不休。三百年前，对太极拳发展做出重大贡献的太极先贤王宗岳对这一争论做了总结。他在《十三势行功歌》中说："详推用意终何在？延年益寿不老春！歌兮歌兮百卅字，字字真切义无遗。若不向此推求去，枉费功夫贻叹息。"

先贤王宗岳用明白无误的语言，肯定修炼太极拳的最终目的和最高境界是"延年益寿不老春"。

我以为，"延年益寿"是指生命的长度，即延长存活在世的岁月，即"寿命"；而"不老春"指生命的质量，含义很深。

所谓"不老春"，又有"不老"与"春"两层含义。"不老"者，即长生不老；而"春"者，则内涵颇多，在这里是借"春"喻义。

"春"者，乃万物资始、元始也。朱熹说："元者，生物之始，天地之德莫先于此，故于时为春，于人则为仁，而众善之长也。"（《周易本义》）

王宗岳以“春”（元）比喻修炼太极的目的，有三层含义：一是比喻太极功夫春色满园，春涛澎湃；二是喻人体生理永远像春天那样生机勃勃，不但长寿，而且青春常驻，身、心、灵整体健康；三是用春天的元始，象征人之元初，比喻人的心态（心性）要返回先天元初本性，即“人之初”的佳美境界。

“不老春”三字连在一起，组成一个美好的词汇，描绘出一幅既身怀高超武功，又延长肉体生命，更延长精神生命的画卷，而精神生命是长生的、永生的，而且是完善的，即“众善之长”、完美人生也。

试想，我们一旦全面进入“不老春”的境界，我们的青春不是更加靓丽了吗！

注：一说《十三势行功歌》系张三丰所作，由王宗岳传之于世。

第二节　太极拳的三大功能及其辩证关系

太极拳有哪些功能，这又是一个根本性问题。长期以来，武林人士存在不同看法。有的说太极拳是武功拳，有的说太极拳是养生拳。有的还依据老拳谱记载的张三丰说的一句话为根据，认为太极拳只有养生功能。老拳谱记载：“右系张三丰祖师遗论，欲天下英雄豪杰延年益寿，不徒作技艺之末也。”因此，这两种看法一直争论不休。

究竟太极拳有哪些功能呢？笔者积63年的修炼体悟，认为太极拳有自卫制敌、养生延年和完善人生三大功能；同时还有一个派生功能，由于它的动作柔和高雅，产生了观赏功能。

自卫制敌，是任何拳术产生的最初动机，换言之说，若没有制敌自卫功能，就不成其为拳，太极拳也不例外；所以自卫制敌、竞技防身是太极拳的第一功能，也是作为拳术的本质功能。

但是，最高超的武功，必须有强健的体魄来支撑，否则，最高的武功也难以发挥。因此，在这一点上，武功与养生应该是统一的。

然而，当下时代不同了，人们练习太极拳的目的，绝大多数是为了养生强身；即使练习具有攻防含义的太极推手，也改称为养生推手了。这是时代的需要与发展，不但无可厚非，而且应当坚持、发扬。 但是，产生了一个问题：太极拳作为拳术的本质功能——自卫防身功能，如何处置，要不要练？如何练？

我以为，回答是肯定的。因为太极拳与众不同，它是哲学拳，是寓攻防与养生为一体的崭新拳种，只要依照太极内功心法和技击心法修炼太极拳的一招一式，就能把竞技与养生功能统一起来，既能养生延寿，又能竞技防身。因为太极拳练的功夫，并非硬打硬撞功夫，而是练“四两拨千斤”的内功，所以不但能延年益寿，而且到了耄耋之年还能“御众”。正如《太极拳论》所说：“察四两拨千斤之句，显非力胜；观耄耋能御众之形，快何能为？”由此可见，我们如果能达到“耄耋御众”、身心俱佳的境界，那么我们的生命不是更加精彩了吗！

不仅如此，太极拳是哲学拳、文化拳，决定了太极拳还有第三个功能，即完善人生的功能。

那么，太极拳为何是哲学拳？笔者在《太极内功心法全书》中特设“哲源篇”，详加论述与阐发，论证太极拳是我国古代哲学与武术运动实践相结合的产物，其拳理、拳法，莫不闪烁着哲学智慧的光芒，照耀着代代太极人士的前进方向，故而人称太极拳是“哲学拳”“文化拳”。

正是由于太极拳的哲学内涵散发出来的哲理韵味，吸引了世界各地友人的向往与追求。我在美国教授太极拳时，感受最深的是学员们对我国太极文化的热爱，他们不时会提出一些哲学性问题，甚至提问：学太极拳与人生有何关系？

大家知道，哲学的根本问题是宇宙论与人生论，关乎着每个人的世界观与人生观；无论你是否意识到，反正世界观与人生观，终将伴随你一生。

何况如今时代不同了，新时代给太极人士提出了新课题，我们应当与时俱进，不能满足于停留在“武”的层面上，不做“一介武夫”，要提高自己的价值取向，提升自己的人生品位，完善你我的太极人生，攀登“不老春”的美好境界。

正因为如此，笔者在2008年出版的《太极内功心法全书》中，率先提出：练拳要练人，养生先养心；要完善太极人生，修成太极新人。

果能达此境界，则我们的青春就能常驻不老、更加靓丽光彩！

第三节 太极拳能开发人体六大潜能

太极拳技击也好，养生也罢，怎样实现呢？笔者深刻体会，应从开发人体潜能入手，一旦潜能开发了，功夫与养生就能一齐来临。

因为每个人都有一个深藏着的潜能宝库，潜藏着无比强大的生命之能（正能量），只是被各种执着蒙蔽和掩盖了，以致人体内的固有潜能，处于自在的、分散的、休眠状态。目前人们使用的能量仅是潜能宝库中的很小一部分，绝大部分能量深藏不露，平时毫无作用，一旦遭遇突发事变、特别警讯的刺激，就会在瞬间爆发出平时意想不到的惊人能力。例如：有的人在情急之下，能从失火的房屋中扛了几百斤重的物品冲出火海，事后再叫他做，他无论如何也做不到了。这种超常潜能，人皆有之，只是有待开发而已。

我国著名科学家钱学森，生前曾把开发人体潜能作为人体科学、提高人的能量的一大目标。他说："从现在开始，我们应该利用现代工具和方法……从一切潜在的人体机能去开发人的潜力。"（《论人体科学》）

所以，人人都拥有一个尚待开发的潜力宝库；而太极拳则是最能有效开发人体潜能的高雅运动。

这是笔者恒修太极60多年的心得结晶，也是太极心法的悟道创新。那么，太极拳能开发哪些潜能呢？笔者深深体悟到，太极拳能开发人体六大潜能，即意能、气能、智能、体能、灵能、德能。

六能齐开发，人生更灿烂！

第四节　太极拳的十大特征

若要练好太极拳，开发人体潜能，就应“知理明法”，或说“明理得法”。明什么理、得什么法？笔者认为，应明太极哲学之理，得太极内功心法和太极武功之法，而其中基础性的理法，就是要弄明白太极拳有哪些主要特征，它是什么样的拳术运动，才能事半功倍地练好太极拳。

那么太极拳有哪些主要特征呢？笔者总结数十年的体悟，认为有十大特征：

一意，意为君：意气君来骨肉臣，用意不用力，用力不是太极拳；有意入无意，无意胜有意；拳无拳，意无意，无意之中是真意；意到气到劲亦到，真意真气意能开，武功养生一齐来。

二气，气为令：以意行气，气遍身躯不稍滞，炼精化气内丹功，专气致柔气能开；气能一开武功增，又能海底翻浪不老春；若得真铅真祖宗，返老还童不是梦。

三松，松为纲： 纲举目张，松为道，由松入道，道法自然万般松；积松成柔柔成空，积柔成刚刚亦柔；松柔飘逸虚实虚，虚虚实实、忽阴忽阳方太极；放松秘诀一“舍”字，舍去旧我入松空，由空入道得新我；大松大柔，大虚大实，不松不成太极拳；行事为人皆要松，舒心解压第一功。

四静，静为虚： 心贵静，除杂念，万念俱泯存一灵，心静意静乃真静；静生慧，静入虚，虚应物；静中触动动犹静，阴阳动静无定时，太极无不在；心中一静灵光现，灵光一现潜能开，虚静无为无不为。

五圆，圆为律： 太极圆图，循环无端，旋转不息，公转带自转，大圈小圈点圈弧圈又意圈；退圈容易进圈难，难在中土不离位，得其环中乱环诀；无圆不成拳，人生无不圆。

六中，中为和： 居中时中致中和，阴阳中和为之道；“致中和，天地位焉，万物育矣”；“能以中和养其身者，其寿极命”。

中为正：中轴稳定，中正安舒，时中得中护中变中隐中又夺中，中轴旋转得环中；不中不成太极拳，中正不阿大丈夫；一旦失中，养生受损，功夫落空。

七度，度为衡： 行拳有度，有度有衡，快慢相间，动缓则缓随，动急则急应，缓随急应皆相宜；行事为人亦有度，人生有度度人生。

八连，连为续：连绵不断，粘黏连随，如影如随，黏随不脱，形停意不停，如长江大海滔滔不绝，又如涓涓细流永不息。

九神，神为聚：聚精会神，炼气归神，炼神还虚；拳神合一，内固精神，外示安逸，于安逸处处处皆有神，神采奕奕不老春。

十为“一”，一为整：意气神，身心灵，阴阳相济内外合一得整劲。

一为道：炼精化气，炼气归神，炼神还虚入大道。

一为果：性命双修、混元合一返先天，九九归一合太极，宛如“月映万川，万川一月”一太极。

第五节　太极生活化　生活太极化

太极拳虽然是个宝，但必须长期修炼。要长期到什么程度，有句古训说得好，“太极十年不出门”，这是太极先贤留下来的一句古训，意思是太极拳虽然是个宝，但很深奥，须要长时间的训练才能初成，才能获得走出师门、走向社会的资质。而且，那时是专业训练，整天练功，还要花十年时间，可见学练太极拳的难度了，说明太极拳须要长时间的潜心训练。

但是，当下社会，生活节奏快、工作重、事业忙，绝大多数是业余练拳，能够坚持每天动动练练，已是很不错的了，如果用“十年不出门”的要求衡量，业余练拳“三十年”还抵不上彼时的专业训练“十年”，那怎么办呢？

笔者摸索到了一条行之有效的法则，称之谓：“太极生活化，生活太极化。”

这条法则的核心，就是把练拳练功融于日常生活之中。除了早晚固定时间的修炼外，还要充分利用一切点滴时间练功；而可用的点滴零碎时间是很多的，只要抓住不放，善加利用，哪怕只动一动、练上一招半式或一个基本功，就能积少成多，聚沙成塔。

那么，怎样在日常生活中练功呢？

很简单、很容易，只要“有心”就成了。有心，就能安排时间；有心，就会忙中偷闲；有心，就会结合进行；有心，就会抓住点滴时间。总之，有心，就会练功生活化。

例如：上班期间，短暂的工间休息，就可用来练功。可以拣一两个方便在办公室练习的动作。常练的有拳架中的“玉女浣纱”“云合手”和“云摩弹”等，或者练放松功中的“风摆荷叶”等功法。在“风摆荷叶”时，要让自己进入意境，意想荷塘春色，鲜嫩的荷叶随风吹拂，犹如美女轻摆纤腰。若能到此意境，虽然短短一两分钟，亦能心宽体舒，消除疲劳，头脑清醒。

再如下班回家，一到家，很多人都会往沙发上一靠，放松全身，以消除疲劳。此时只要用上一点点意念，就能练功。此时练功，或意想脐轮呼吸、或气注丹田、气存海底，甚至练一练小周天，即使循环三二圈，也会感到舒畅无比，疲劳顿失。有时还会抖动几下，备感精神振奋。

又如晚上看电视，也能练功。只要按照练静功的平坐姿势坐定，就能边看电视边练功。此时，除认真看新闻联播及重要信息外，一般是看看练练。练时双目微合，忽听重要处，就张眼看几下。有时觉得“没看头”，就站起来活动几下，或走几圈八卦掌蹚泥步，或是龙行步几个来回，或练上几招拳式。到了规定时间（自定晚间九点半）就打烊睡觉，再在床上练一会儿静功就入睡。此情此景，亦是人生一乐。

还有进厨房，也能边干活、边练功。寒舍的厨房，洗菜池与煤灶之间有“三大步”之遥，我用形意拳中逢进必跟的步法，跨上一大步，再加八卦掌中的一个转身，迅即就到了。又在洗碗洗菜时，蹲马步，或高架马步，依照放松功中的“雄鹰抖翅”，边洗边抖，妙趣横生。

再有，在车站候车时，大庭广众，不好意思明显练功，那就暗暗地练：有时练眼功四法中的“眼珠圆转法”及“极目远视法”，或者微微练一练高架虚步的松胯抖动法，摆出一副悠然自得的神态，练功、候车两相宜。总之，只要“有心”，就能把太极生活化。

行文至此，这第五章似乎可以划上句号了，但是如果喜欢钻研的朋友，更深一层的提问：为什么会“有心”？这“有心”从何而来？笔者的回答是：那是受了太极学说的启示，知道日常生活中处处皆太极，事事有太极，故而人生即太极。因为：

1. 太极是宇宙的本原。《周易·系辞上传》说的“是故易有太极……”那段话，描绘了天、地、人、生成繁衍的过程，揭示太极是宇宙生成的本原。北宋周敦颐的太极图及太极图说，进一步阐明宇宙生成发展过程大体经历无极—太极—阴阳—五行—万物生化—万物生生不息等阶段，把宇宙万物乃至人类都包括进去了。所以宇宙万物乃一太极也。

2. 太极是元气。所说太极是宇宙的本原，这本原是什么？就是元气，这在易学研究上称之谓太极元气本原论。

最初的宇宙只有混沌的元气，经过漫长的变化，才分出阴阳，出现天地，化生出万物。因此，太极元气充满天、地、人间，万物皆有，处处可感。就人而言，人人皆要培本固元，这为太极生活化提供了需要与可能。

3. 心为太极。此说为北宋著名易学家邵雍所开创，经南宋陆九渊创立“心学”，发展至明代，心学派传人王守仁（阳明）进一步提出“太极良知说”，即以人心的良知为太极，将世界万物统一于“心”，他说：“言心，则天地万物皆举矣。”如果能这样，就自然能在生活中时时“有心”练太极了。

4. 人人物物一太极。这一醒目的命题，是易学大家朱熹的创见。他说：“人人有一太极，物物有一太极”；“自男女而视之，则男女各一其性，而男女各一太极也。自万物而言之，则万物各一其性，而万物一太极也。”（《太极图说解》）

这一创新理念，一经提出，便风行于世，影响各业各行，例如医家、武家都把人体及人体各部比拟为太极与八卦，在《太极拳谱》中就有“大小太极解”和“人身太极解”两文，把人体内外周身各部都比拟为太极、两仪、四象、八卦、五行，然后说：“天地为一大太极，人身为一小太极；人身为太极之体，不可不练太极之拳。”

5. 太极拳越练越得益，越练越想练，这是太极拳爱好者的共同体会。回想63年前，自1952入室武当丹派杨奎山门下习太极拳后，仅一个多月就获益匪浅，于是豪兴大发，越练越想练，越练越深入，越深越得益，于是太极拳成了我生活中不可或缺的一部分，将“衣食住行”发展为“衣食住行拳”，在日常生活中修炼太极拳，完善人生，让人生更精彩！

第六节　太极拳养生奇效举例

笔者在前言中鲜明地提出：“综观我国的养生文化传统和西方的养生革命，就养生功能来说，太极拳是世上最能抗衰老葆青春的高雅运动。”太极拳果真有此神效吗？有！我国练太极拳者已逾 1 亿人口，得益者比比皆是，多年来常有得益者的实例报告发表，连美国哈佛大学等一些高等学府和医学机构，也时有太极拳养生功能的实验报告发表。

本书作为太极养生的专著，也应举例论证，以飨读者。但限于篇幅，仅举三例：即青春功一式、驱除感冒顽疾和治愈颈椎与高血压病。

第一例　青春功一式——凤凰归巢

（一）题注

凤凰归巢，是太极青春功的第一式。太极青春功的功效是男人回春、女人养颜。此式的核心是一个“提”字。提者，提踵、提肛、提睾丸（女人提卵巢）也。

睾丸衰退，是男人衰老的主要标志。正常的青壮年，每天清晨醒来都会感到有“阳举”现象，然而到了五十、六十，不少人就逐渐衰退，清晨不再“阳举”了，这就是男人衰退的重要标志，很多人因此而陷入苦恼。然而此种苦恼是可以解决的，太极青春功就具有激活已经衰退或即将衰退的睾丸活力，返老回春，重振雄风。

笔者常练此功，得益多多，至今依然活力充沛。2012年秋，笔者曾在美国西雅图举办过一次为期两天的“道家青春功男子班”，讲授太极青春功的半数功法。开讲前，我宣布，当场学，学场练，若无感觉，立即退还学费。结果，学员们都兴奋地说：有感觉，这功法太好了。

今天，笔者借拙著付梓之际，特将此青春功的第一式奉献给读者。

（二）动作过程

1. 太极起势十字手

动作与拳架套路第一式的太极起势相同，唯一不同的是在坐身下按后，上体起身，两手向内划一小弧成交叉十字手状态，两掌心均向内，左手在外，右手在内；身体松松站立，双目前视。

2. 凤凰振翅来蓄势

①承上势太极十字手，重心依然分置两腿，腰胯松沉，臀部下垂，带动坐身屈膝（膝不超过脚尖），成小马步态势。

②紧接着，引体上升，两腿自然站立；接着又屈膝坐身，再引体上升，如此来回3次；同时呼吸行气，起身为吸，蹲身为呼，一吸一呼，一起一蹲，协调为一。

③一起一蹲时，带动两臂分别向左右展开，做弧形摆动，如凤凰振翅待飞状。

3. 凤凰展翅三提丸

承上势不停，当第三次下蹲、引导上升时，两手分别向左右展开，手腕松柔带动掌指上下摆动，似凤凰展翅飞翔状。

在引体上升、展翅飞翔的同时，带动“三提”，即提踵、提肛门、提睾丸。

提踵，就是提脚跟，它是踵息的一种练法，而踵息是古代道家的重要养生功法。相传长寿皇帝乾隆，能够成为中国最长寿的皇帝，其中的一个秘密就是天天练“踵息”

功。古人云：真人踵之以息，凡人口鼻以息。

提肛门，在“提踵”的同时，用“呼吸意提法”将肛门一提一放。即在提踵吸气的同时，有意识的收缩肛门括约肌，将肛门提起；同时还要肚脐内敛、收缩会阴和尾骨，才算完成提肛运动的“提”。接着在提之后，随着缓缓呼气，放松尾骨、肛门和会阴，为之“放”。如此一提一放为一次肛门提放运动。提肛次数，随提踵次数同步。

提睾丸（女子提卵巢），是这一功法的核心。睾丸与卵巢是人体生命之本，也是人类生殖繁衍的根本，因此它们的衰退，是男女衰老的重要标志。通过练功，能够逐步激活已经老化、已经沉睡的机能，产生活力，重返青春。

三提之法，主要靠意与气的导引，尤其是提睾丸，更须“意引气导”。其心法是：在提踵、提肛的同时，意念睾丸被内气往上提托；也就是说，提的时候为吸气，即由脐轮内吸、同时海底之气上升，托起睾丸，形成脐吸提肛与海底上托之势，一吸一托，必然产生睾丸被提起的感觉。

呼气时，则意念睾丸往下，如此一吸一提、一呼一下。练之日久功深，促进睾丸恢复活力，使松弛的睾丸重新活跃起来，重新站起来，乃至重振雄风。

此三提之法，可重复多次。若是太忙，可单练此功，只要天天练，哪怕每次只练一二分钟，每天练上二三回，日久必然见奇效。

4. 凤凰归巢入关元

①起身十字手。承上势，当上体下坐时，分展的两手

向内划弧成交叉斜十字状，随之缓缓起立，成太极十字手状。

②下坐灌气。随之上体缓缓下坐，带动两手翻掌下按，从咽喉沿三焦而下，经脐轮、丹田，直入关元穴，然后缓缓起立做十字手太极收势。

③一吸一呼。起身做十字手时为吸气，坐身翻掌下按时为呼气，一起一坐即一吸一呼，轻柔缓和，不急不躁，徐徐行之。

④气灌关元。关元穴被称为人体第一性保健大穴，为男子藏精、女子蓄血之处。顾名思义，关者，就是关藏；元者就是人体元气，合称之，则为关藏人体真元之要隘，而真元是维持人体生命活力的基本物质与原动力，可见此关元穴的重要性了。

所以，此式凤凰归巢，就是在三提之后，归入关元之巢穴，以培本固元，加强青春活力。

【特注】此式除单练外，还可以在套路演练至十字手时，接着练此凤凰归巢式，然后太极收势。这样，既练了太极拳套路，又能练此“三提”，可谓一举两得双丰收。

第二例　驱除感冒顽疾
恢复健康活力

在同时跟钱师学习太极拳的一众人中，我坚持了下来。坚持的原因，个人的兴趣和毅力起着关键作用。同时习练太极拳过程中获得的实际益处——恢复健康活力，则给兴趣添了兴，给毅力助了力。

我跟钱师学习太极拳是在2013年初。当时我和单位的另一位领导（蒋爱军师弟）轮流值夜班，一人两个星期。夜里上班到凌晨 1 时左右，第二天白天 8 点仍要正常上班。这样连续“作战”已经有五年之久，之前可能年轻，身体有本钱，不觉得有何异常，但到2012年，我成了“病例”——一病而成常例。每到夜班的第二周，我就感冒、咳嗽，甚至哮喘。轮到白班，则第一周养病，第二周转好。刚转好又要上夜班。然后继续感冒、咳嗽、哮喘……如此循环。

医生听呼吸、看胸片、量血压，道不出什么病因，给配些药剂吃着。“病例”继续循环。直到2013年初，我们一众十余人得到福缘，跟钱师学习太极拳。

钱师教的是四十二式，又不是四十二式。拳架是原国家体委推广的四十二式，同时钱师按武当丹派的内功心法，对动作做了改进。更为重要的是，强调动作与呼吸的配合一体。

刚开始，练“松”。练太极拳人人都会说要“松”，到底如何“松”，恐怕能说得上来的人极少。钱师有一整套功法，松肩松肘松腕，松胯松膝松踝。舍去自我，舍去双手……放空一切。练的是基本功，招式反倒是学来增加趣味。我很喜欢松的感觉。开会时坐着练，上班走在僻静的巷子，穿过幽静的公园，也让自己放松：两条胳膊像荡在肩膀上，肩窝到小指麻麻的，十个指头胀鼓鼓；胯一催，步子特别大，双腿既轻又重。在松的状态下打太极拳，不论多长时间，都是汗而不喘。学拳的第一月，效果就显现了：没有感冒，没有咳嗽，没有去医院。

效果这么好，学拳兴趣更浓。下定决心，将学拳排为业余时间第一要事，其他安排都为学拳练拳让路。

于是，“病例”打破，循环打断。印象中，2013一年，只感冒过一次，而且症状不重，很快复原。2014年以来，也只有一两次出现感冒迹象，练练功，一两天就没事了。

我之受益于钱师的太极拳，不仅限于此一处。除了易感冒，原来还有睡眠问题，难入睡、易惊醒。学了钱师传授的丹田呼吸法，虽然只是粗浅的入门功夫，大半年下来，就大有改善。到现在两年多，已基本没有问题。最近在钱师的指点下，还顺利克服了倒时差遇到的睡眠问题。

现在回想，自己之所以能打破健康的恶性循环，得益于钱师所授松、静、空三字。

2014年元旦，幸蒙钱师恩允，我和其他十三人正式拜在钱师门下，同门石师兄代师授拳，向我们打开了又一个新境界。

从此，我家床头柜的抽屉中，多了两样东西：一个精致的小瓶，装着未用完的不须再用的哮喘药，伴着精致的拜师帖。

（尹树荣 2015年5月）

注：尹树荣，1972年生，江苏金坛人，供职于中国常州网。

第三例 获得神奇效果 治愈颈椎和高血压病

2013年我40周岁，尚不算老的年纪，却得了一身的职业病。最严重的是颈椎炎。医院拍摄的透视片显示，我的颈椎不仅没有了正常的弧度，甚至还出现了背向弯曲的情况。同事们也或多或少地出现了这样或那样的职业病。总之都处在或轻或重的亚健康状态。于是大家商量着要健身。最初想出来的健身方法是爬楼梯，以单位发动的形式，组织全体员工爬楼梯，从办公室所在的七楼，走到一楼，再从一楼爬到七楼，每天上午一次下午一次。

楼梯爬了两个月不到，出现了新的情况，首先是部分年轻同事觉得没劲，或者偷懒少爬，或者干脆不爬；其次是有老同事膝盖爬出了问题，积液严重到需要住院。集体锻炼活动，只得作罢。

机缘巧合之下，得入钱惕明先生门墙，随钱老习练太极拳。最初习练竞赛套路42式太极拳，一年后正式拜师，习练武当丹派功夫。学拳两年多来，体会渐深，收获良多。

习练太极拳，治好了我的颈椎炎。

钱老在教42式太极拳时，一方面按套路一招一式教学，但是更重要的是在一招一式的教学中，传授我们太极放松功。如松肩的老牛卸磨、松腕的正反捧球、松膝松踝的提腿等，还有以松腰胯为主的整体放松功，即三环套月、风摆荷叶、西湖荡船等。此外，在教学的间隙，也传授一些武当丹派的秘传功法，如灵猫五功、九转延寿诀、慧剑斩心魔等。

针对我的颈椎炎，钱老特意设计了几个动作，嘱我每天练习，如搂膝拗步、霸王举鼎、金鸡独立等。这些动作，既对立身中正有特别要求，又能起到一定的拉筋抻骨效果。我清楚地记得，在我习练42式太极拳三个半月之后，颈椎炎就完全好了，再也没有发作过。如今伏案工作时间稍久，感觉颈肩僵硬时，我就按钱老传授的“舍手功”活动一下肩肘，人就会立即感觉很轻松。

习练太极拳，还治好了高血压等毛病。

拜师后，因钱老赴外地度假，随后又赴美国教拳，于是我就跟随钱老的首批弟子石国元继续习练丹派功法。石师兄代师授艺，从最基本的基本功教起，无极桩、太极桩、两仪桩、三才桩等一个个练习过来。最奥妙的是，无极如何化太极，内息如何运行，小周天、大周天如何内外结合，经络穴道又在练功中如何体会等，只有在师兄口传身授之后，自己刻苦练习，才能逐步感受得到。

我本人原来是临界高血压，在练习内功初期，血压会莫名其妙地上下波动，用家用电子血压计测量，有时血压会增加好多。这让我很担心，一度想放弃内功修炼。石师兄根据我的实际情况，专门予以指导，要求我站反式两仪桩、三才桩，以百会、涌泉、劳宫三穴导引天、地、人三气，三气汇聚，以致中和。突然有一天我感觉手臂上的两条经脉一下子通了，那股暖流循经流过的感受真是妙极了。自此之后，我的血压就完全正常了。

因我小时得过疟疾，长大后每次体检都是脾脏肿大。以前体检，我总是心率不齐，一度还配带过什么仪器24小时记录心率。在习练太极拳两年后的单位例行体检中，这些毛病全都不见了。

丹派功法，看重内外三合，尤重内功。师父多次说，练拳不练功到老一场空；师兄也反复强调，不要在意外形，腰胯等内功到了，手势什么的都是随意一些的。师兄还说，套路最好忘得一干二净，套路套路就是把人思维套死的拳路，如果机械地练习套路，迎敌技击时还怎么随机应变？

这都让我眼界大开，思维得以拓展。

若问我的学拳体会，我的感受是，先从套路学起，培养起学拳兴趣，有一定基础之后，再从基本功练起，逐步丢掉套路形成的僵化程式。

感谢师父钱惕明先生，感谢师兄石国元先生，为我打开了太极拳这扇神奇的大门，引导我走向了太极拳这条神奇的道路。

（蒋爱军 2015年5月）

注：蒋爱军，1973年生，江苏宿迁人，供职于中国常州网。

第三篇

太极拳不老春 养生心法揭秘

上文提出，“不老春”是太极拳的最高境界，那么如何达到这个境界呢？唯一的途径是明理得法，即明太极之哲理拳理，得不老春之功法心法。然而太极拳不老春养生心法（以下简称太极不老春心法），过去是秘不外传的，甚至连“不老春心法”的名称也未见公开。今天，笔者为顺应新潮，予以揭秘。

但是，任何好的心法，都必须通过合适的载体才能表达出来，方便学练者修炼，否则将成为空谈。

记得笔者在拙著《太极内功心法全书》中说过：“说一千，道一万，心法最终要落实在行功走架上，以及行事为人上，所以拳术招式（含静功等各项功法）是心法的载体。”

然而问题又来了，目前流行的太极拳，套路较多，采取哪一家流派的太极拳套路为不老春心法的载体呢？

第一节　各式太极拳都能作为心法的载体

从根子上说，目前流行的各家太极拳套路，都可以作为不老春心法的载体。因为据古典拳论记载，太极拳原本只有十三势。王宗岳在《太极拳释名》一文中说："太极者，一名长拳，又名十三势。长拳者，如长江大海，滔滔不绝也。十三势者，分掤、捋、挤、按、采、挒、肘、靠、进、退、顾、盼、定也。"后来发展成37式，又后来发展成现今的各家流派的太极拳套路。而且各式太极拳都有其各自的心法。因此都可以把各自的太极拳套路，作为不老春心法的载体。

笔者系武当丹派十二代传人，也可以把本门的太极拳套路作为不老春心法的载体，但几经考虑，为了方便大家参与，不该有门户之见，决定不以本门太极拳套路为不老春心法的载体，决定采用大家比较熟悉的42式太极拳套路为不老春心法的载体，以方便大家修炼。

第二节　以“42式”作为心法载体的缘由

笔者不以本门招式套路为心法的载体，而采用“42式”为不老春心法载体，其原因有三：

一、方便大家参与

因为“42”式套路的组成，并非只采用一家一派的太极招式，而是吸收了杨、陈、吴、孙等多家太极拳招式的精华，并荟萃式地编排而成，大家都比较熟悉，其诞生初期，就有“综合太极拳”的美誉。因此把“42式”作为不老春心法的载体，方便大家参与。

二、群众比较熟悉

这套“42式”诞生20多年来，已推广至全国城乡，并传播到世界，成为知名度较高、群众基础比较广泛的经典套路。一旦把“42式”作为不老春心法的载体，大家比较熟悉，容易学练。

三、“42式”留有作为心法载体的空间

原版“42式”只写了每一招式的“动作说明”，未写内功要求和养生心法，连基本功也未列入，这就给人们留下了一个思考空间和创新余地。可以把不老春心法灌注其间，使其成为不老春心法的载体。而目前流行的各式太极拳套路，都有各自的心法，不可能成为他家心法的载体。

第三节 用增演和详注方式将“42式”作为心法载体

既然选择了“42式”为不老春心法的载体，那么用什么方法使其成为心法的载体呢？回答是，学习前贤们常用的“注”“考”和“增演”等治学方式，通过“详注”，将太极不老春心法注入“42式”套路之中，使其真正成为不老春心法的载体。

一、学习先贤的治学方式

前人治学，往往对经典采用注、释、考、辩和写

“传”的方式进行创造性研究，增其所缺，释其所隐，发其所未发，因而成为文化学术上的新创作，其中的佼佼者，就形成一门学派，流传于世。例如关于易学研究，千百年来注家千余，从而形成了浩瀚的易学体系，其中成果最大、影响最深远的是相传孔子作的《易传》，到了汉代以后，学者们就把《易传》与古《易经》合二为一，取名《周易》，流传千古。虽然学者们对《易传》是否孔子一人所作有不同看法，但这不影响其内在创新的巨大成就。此类学术成果，举不胜举。

至于武学领域，此类范例也很多。

例如流传很广的《易筋经》，其中就有《增演少林易筋洗髓真本》的版本。再如被称为道家丹经王的《周易参同契》，由于文字深奥难懂，历来注家众多。到了现代，这方面的范例也很多。例如文武兼修的太极大师徐震（常州籍），武学著作甚丰，其《太极拳理懂辩伪会编》和《太极拳考信录》等已成为传世之作。

可见，注、传、考、辩和增演等著作，无论是文还是武，都是文化学术上的一项创新，其中的佼佼者，就形成一门学派，流传于世。

二、增演和详注的内容推陈出新

笔者这次增演和详注“42式”不老春养生心法，是本人恒修太极拳63年的心得结晶，也是我这个老顽童对太极心法的时代延伸。

详注的宗旨是：修炼太极人生、完善太极新人。

在下师承武当丹派第十代宗师李景林再传弟子杨奎山门下，63年间勤学、勤练、勤思、勤悟师父传授和丹派经典，在此“四勤”之中，日日惕励自己，力求有所发现、有所前进。在坚持勤悟师授和丹派经典的基础上，参修众家，努力将师授与众家融会贯通，如此日积月累，反复总结比较、体验，终于在继承师授与参修众家的基础上，融会贯通，整合成章，推陈出新，自成一脉。这一过程可概括为四句话：勤悟师授，参修众家，融会贯通，自成一脉。

自成一脉的内容，以武当丹派内丹武功为基准，融入诸家之说，进行推陈出新，新的理解，新的体验，新的总结，新的概括，新的表述；于是形成理念上的创新、内功功法上的创新和太极命题上的创新。

就以这次详注“42式”的养生心法来说，无论是招式动作的增演还是内功养生心法的注入，都是继承传统，发扬传统，并推陈出新的内容。例如关于太极拳终极目的的阐发，过去只有《十三式行功歌》中有“延年益寿不老春”之句，未见有人详加阐发，更没人把“不老春”列为太极拳修炼的终极目的，今笔者把“不老春”列为修炼太极的终极目的，而且阐其所未阐，发其所未发，提出“练拳要练人，养生先养心”，以及“恒修太极人生”，不做一介武夫，应做“太极新人”的新理念、新目标。

第四节　增演和详注的原则与体例

任何一部著作，都必须确立自身的编写体例才能成功。本书既然决定用增演和详注的方式，将不老春心法注入“42式”套路之中，那么就应有相应的体例与编写原则。几经考虑，为了贯彻增其所缺，注其所无的总原则，对原版“42式”实行“四不变”和“一变、一注、一增”的编写原则与体例。

一、四不变

即原版套路框架不变、招式数量不变、名称不变、顺序不变。坚持“四不变”，既便于注释心法和增演动作过程，又便于熟悉这一套路的人群练习。

二、一变

在坚持“四不变”的前提下，实行“一变”。即原版每一招式的过渡动作的顺序及数量有些变化。例如，第一式起势，原版写四个分解动作，且未写细目名称。为了便于增注不老春心法，只得加以变化，变为六个分解动作，且每一分解均设立一个小目名称。

三、一增

原版未写养生心法，今用“增演”“详注”的方式把太极不老春养生心法注入分解动作的全过程，并增设“题注”一目，介绍每一招式的来历和特色。

四、一注

在原版分解动作的基础上，用“详注”的方式，进一步细化分解动作，并增设动作细目名称，以便从形式到内容，都能体现增其所缺，注其所隐，发其所未发。

五、详注的体例

根据“四不变”及“一变一注一增”的编写原则，确定编写体例，设立五个小栏目。

1. 原版动作说明及附图（请读者自行对照原版图文）。

2. 题注，原版无此栏目，系笔者新增。所谓“题注”就是设立在每一招式的动作说明之前，解释这一招式的特点及寓意。

3. 详注动作过程（含分解动作细目名称），由于原版的分解过渡动作，均未设立细目名称，只叙1、2、3、4，就直接书写动作过程了。为了揭示分解动作的内涵，便于学习与记忆，特设立细目名称。例如：第二式右揽雀尾的分解动作，设立右抱球、悬足蓄势、左上步蓄势、进身左掤（细分上掤、前掤、横掤）、转身采挒、左抱球悬足、上步右掤、旋腕刁拿、退身下捋、转身搭手、进身前挤、右转划弧、左转屈肘、丁步按掌14个细目名称。

4. 增注（详注）不老春养生心法，由于原版动作说明中未曾写养生心法，所以这栏目是本书的一个重要特点。笔者将竭尽所能，增其所缺，注其未明，解其未解，将太极不老春心法告白于修炼者。

此处须说明一点，每一式增注的养生心法，并非这一式所独有，而是式式所注内容互有作用的，不过各式所注有所侧重而已。例如揽雀尾这式的养生心法对其余各式都有启示和影响。

5. 特别注解，这一栏目是为了妥然处理编写的一些难题而设立的。因为有些详注的原则与体例确立后，就要按照体例，将太极不老春养生心法，注入“42式”的一招一式之中，以便让学练者心知肚明，依法练习，既练外形，更练心法，从而收到抗老葆青春的效果。

第五节 对“42式”增演和详注太极不老春养生心法

详注的原则与体例确立后，就要按照体例，将太极不老春养生心法注入“42式”的一招一式之中，以便让学练者心知肚明，依法练习，既练外形，更练心法，从而收到抗老葆青春的效果。

以下增演每一招式的动作过程和详注不老春心法。

新增无极桩（预备势）

（一）题注

这预备势原版42式太极拳未载，笔者依据传统太极拳体例和自身体悟所加。

“无极”和“太极”原本都是古代学者在探索宇宙起源过程中使用的哲学概念。“无极”是指大自然的太初原始阶段——无形无象的一片虚空的宇宙实体；而“太极”，则由“无极”变化而来，内已孕育阴阳，但尚未分阴分阳、分天分地，尚是一片混沌状态。

北宋理学开山祖师周敦颐在《太极图说》中把这“无极而太极”状态列为宇宙生成的第一个序列。自此历代诸多学术领域莫不受其影响，以太极学说为哲理基础的太极拳，当然亦受其学说影响。太极先贤遵循“无极而太极”的原理，设计了“无极桩”，既作为基本功单练，又冠于套路之前，作为预备势，认真修炼。笔者体悟，修炼“无极桩”的目的，是要把“无极”的哲理内涵，变为太极拳的训练成果，以收“以象喻人”之效。

所谓“以象喻人”，就是把无极的自然现象，比拟人的身心状态，希望练拳者经过潜心修炼，让身心像“无极”那样返璞归真，回到先天初生状态，体松心和，无忧无虑，心灵净化，形神相合，活力充沛的最佳状态。

先贤把无极桩列为太极拳的预备势，是很有远见的。从拳术套路来说，无极桩是静功，太极拳的各招各式都是由静而动，依次展开。所以在开始演练招式动作之前，应站立无极桩数分钟，练拳就能“神聚气合灵犀通”。

（二）站桩态势

1. 中正松站

面南站立，周身放松。两脚平行开立，与肩井穴同宽。从头到脚中正安舒，上下一线，不偏不倚，不俯不仰，宛如一棵不老松安然矗立。（图1）

图 1

为此要遵循以下要点：

①头顶虚领，颈项松正，胸部松舒，背部微开，提肛敛臀，尾闾下垂，即悬头垂尾。

②上下中心一线，即两臂自然下垂分置于身体两侧，掌心向内，身体重心分置两脚掌，即脚掌实、脚跟虚，全身中心线落于两脚中央，从头顶百会穴直到会阴穴，保持一条中心垂直线。

③涌泉穴入地，即重心分置两脚心时，必须涌泉穴踩入地，且要稳固舒适，形成“头悬蓝天涌泉入地”之势。

④周身放松，身体各关节，包括肌肉皮肤、周身上下都要放松，而且内脏器官更要放松，就是说要从上到下、从头到脚、从内到外，都要处处放松，一松到底。

⑤要意想“十六松”，即我大脑松了，心态松了，脸容松了，颈项松了，喉头松了，胸肺松了，脾胃松了，肾脏松了，肝胆松了，腹部松了，两腰松了，胯松了，骨盆松了，臀部松了，两腿两脚松了，好像两条手臂也舍去了，一切都松了，通体内外都松了。

2. 祥和入静

周身内外放松的关键，在于大脑的放松，脑松则心静，心静则体松，就能“心中一静，灵光一现”。

同时，要面容祥和，内含笑意，舌抵上腭，双目垂帘，神光内视脐窝，摒弃一切杂念，内无所思，外无所视，心中空无点尘，如入“无极”景象。

3. 常守脐窝

无极桩一经站定，就要意守肚脐，进行脐轮呼吸。

初学者，可按照脐轮调息的第一层功夫进行调息，即意守肚脐，自然呼吸，无论吸还是呼，始终都要意守脐窝。古代修道者说："常守肚脐，寿与天齐。"

此无极桩可作为一项站桩功法单独修炼。随着修炼时日的积累，功夫渐深，可以按照肚脐调息的层次逐步晋级，当练功晋阶至第五、第六层时，就能逐渐开发海底活力，抗老返青。

（三）增注太极不老春养生心法

无极桩的不老春养生心法，可以概括为4点，即松、静、和、灵。

无极桩作为太极拳全套的预备，由此而开展的各招各式，都要贯彻这4点。有时"如长江大海滔滔不绝"，有时如"涓涓细流，润物无声"。

1. 松柔——恢复先天的松柔和谐，解除后天的僵硬、紧张与压力

我们先天的肉体原本是放松柔和的，心灵是无邪的，只是由于后天的生活、读书、工作、境遇等因素，造成了精神紧张和肌体僵硬，导致未老先衰。练太极拳，站无极桩，就是为了放松的修炼，解除后天的恶习，恢复先天的美德。

如何放松？放松的原理与方法，可参阅笔者拙著《太极内功心法全书》。就无极桩来说，首先要让大脑松弛平静下来。大脑这个司令部一放松，继而骨骼、关节、肌肉、皮肤、韧带乃至内脏器官等都要用放松的意识去放

松，使全身内内外外、上上下下一切都松，所以口诀说“道法自然万般松”。由此逐步达到像老子说的“专气致柔，能如婴儿乎”的先天美境。

2. 虚静——守笃静，致虚极，消除欲念的烦恼

放松与入静相辅相成，相生相济，直至阶及空灵，其间的关键，在于大脑的放松，脑松则心静，心意静，则全身松。

然而，大脑的松静谈何容易，尤其是初学者，想要入静，反而万念来袭，各色各样的念头都会蜂拥而至，静不下来。

不用担心，我们自有妙法。首先以“一念代万念”，即一心想着肚脐眼，想着脐轮在一吸一呼；用这个意念来驱除万千杂念。然后，在练至日久功深后，从有念进入无念无妄、无象无形的“无极”景象。再进一步致虚极，守笃静，心无尘埃，驱除烦恼。所以口诀说：“虚静无为心中空。”

道家认为，“虚能应物，静定生慧，无为而无不为”。因此无极桩一经站定，就要万念俱泯，一切释然，果能如此，则反而无所不容，合“无为而无不为”。

练至相当火候，能自觉调节大脑皮质的兴奋和抑制到最佳状态，用之于养生，不但有利于开智益脑，还能在“守笃静”的最高境界中，把人体潜在的心理与生理的正能量开发出来，形成巨大的新智慧、新体能、新活力、新能量。

太极拳能够延年益寿、青春不老，全靠这种活力的支撑。

3. 气和——气和，则一身祥和

无极桩乃静站练气的静功，无任何肢体外形动作，只是静静地站着调息练气，所练的是阴阳中和之气。就是通过修炼，使体内的先天之气和后天的水谷之气，趋于平衡，乃至中和，返归太极一气，并循环往复，不断升华。继而还要以意导气，意想体内的中和之气与天地灵气内外交流，趋于中和，使天、地、人“三和”之气混浑为一，进入“三气和合”的美好境界。正如《太平经》所说：“阴、阳、和，三者和合，上应天理，下合人伦。”

此气，有的学者称为“太和之气”，有的修道者叫作“太和阴阳气”，我们武当丹派则称作“阴阳中和之气”。说法虽然不一，但都离不开一个“和”字，因为“和”是宇宙万物的本原，所以无极桩的养生心法，也突出一个“和”字，气和，则一身祥和。

练气又是为了食气。《黄庭经、外景经》说：“神仙道士非有神，积精累气以成真。人皆食谷与五味，独食太和阴阳气。”中医理论说得更明白：“食谷者，智慧而夭；食气者，神明而寿。”就是说，能食气，就能阶及神明，寿与天齐。

那么无极桩如何练气？主要法门是脐轮调息。在初站无极桩时，只要能意守肚脐，心想由肚脐呼吸就算得法。如能持之以恒，坚持练功，必能步步提高，进入佳境。

但是，食气不能执着追求，必须按“无极”之意，松静至虚静，似有非有，似无非无，细细绵绵，练至功深，忘却意念调息，便能够进入“呼吸虚无入丹田，玉池清水灌灵根”的美境。

笔者深感气和则一身祥和，故而自咏“天地不可一日无和气，人间不可一日无祥气”。

4. 神聚——神聚气和灵犀通

体松、心静、气合皆具备，则总归于神聚。神聚者，即内丹功的炼精化气、练气还神阶段。

神者，心灵之本，它与外形相对而言；形者，人的躯壳，故要形神同修。修炼的核心，在松静站桩时要忘却一切烦恼，使心气相和，进而净化心灵，超越自我，把自身溶合于大自然之中，观想自己与天合一了，即天人合一了。从而使身、心、灵全面优化，推动生命活力生生不息。

神聚之法，由浅入深。习练之初，从松静入手，把“神”聚敛于体内，贯之于头顶，凝之于双目，布之于周身；同时，气吸于脐内，贯于丹田，入于关元，使精、气、神三者相聚于内，使身、心、灵三者和合于神。能知此义，则青春长生之道可得，拳术技击之功可进矣。

写到这里，本节原可以结束了，但觉得还应对“神聚”的字义做些解释，防止产生误会。神聚，是指精神的聚敛，不能误解为精神紧张，两者截然不同。

神聚，是在体松、心静、气和的条件下出现的良性循环，而紧张，则是前文提到的是后天的恶习，也是一种病态，或者是心理障碍的反应。万一紧张等心理障碍出现时，我们就可以用站无极桩、练太极拳所得的健康意识、养生心法给予调节，乃至驱除紧张心理，释放精神压力。

例如在日常生活中，无论遇到什么情况，胜利还是挫折，欢乐还是忧伤，顺当还是曲折，吉祥还是凶险，都可以用无极桩的养生心法，迅速平定不良情绪，恢复平静，超越自我。

第一段

第一式　太极起势

（一）题注

太极起势由无极桩而来，取无极生太极之意。正如太极先贤王宗岳《太极拳论》所言："太极者，无极而生，动静之机，阴阳之母也。"

王氏此论表明了太极拳是依据太极学说创立的，此拳的各招各式都散发着浓郁的哲学韵味。而"太极起势"作为开拳第一式，则有启明破暗之意。无极桩是静功，太极起势则由静而动，但动中寓静，各式各招都在动静之间练气长劲，修心养性。

（二）增演动作过程

1. 行礼蓄势

承上势无极桩站毕，行抱拳礼：即两臂同时左右弧形上举，环抱至胸前会合抱拳，为吸气；抱拳向前推出行礼

为呼气。（图2）

然后两臂分开各向体侧缓缓下落时，为吸气；当两手下落至大腿根时，为呼气，随着手指下落指向地面时，为继续呼气，一直呼气入两脚涌泉穴入地，蓄势准备开拳。（图3）

2. 吸气开步

承抱拳礼毕，两手下垂之势：缓缓吸气（脐吸，下同），随着吸气，重心移至右腿，然后提起左脚向左开步，与肩同宽，先脚趾着地。（图4）

图 2

图 3

图 4

于是缓缓呼气（脐呼，下同），随着呼气，左脚趾与脚掌依次踏地，于是重心分置两腿双脚的涌泉穴之后的4号位与5号位之间，切忌重心置于后脚跟（防止震动后

脑）。（图5、脚掌号位图5附图）

【特注】此开步势要注意两点：一是常见初学者犯有一个不雅的动作，他们往往先两腿屈膝下蹲，再行开步，这似乎不合太极原理；二是左脚向左开步时，应先松左膝、然后向左开步，才能开步轻松灵活。

图 5

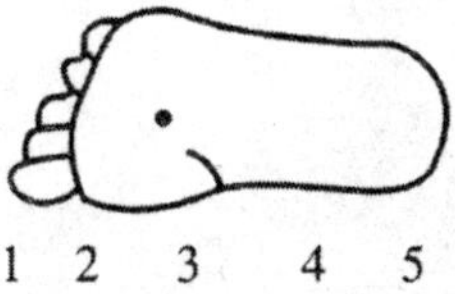

图 5附图

3. 旋腕正身

缓缓吸气，带动双手腕内旋，掌心向后，指尖下垂；然后缓缓呼气，气贯掌根，使掌根微微下坐（俗称“坐腕”），同时指尖斜向前，气通指尖。此时形成小开步按掌站立势。如果是上场表演，随即展开以下各势；如果是自己练拳练功，则可作为太极站桩势站上一会儿（要领见以下太极站势）。

4. 太极站势

体松心静，悬头垂尾，颈项松正，脚踩涌泉，百会与会阴上下一线，松肩垂肘，松掌松腕，掌心斜向下，手指斜朝前，内含立身中正、上天入地、支撑八面之意；

中正安舒，舒胸圆背，开胯松腰，脐松腰柔，提肛敛臀，尾闾下坠，凝神前视，脐轮缓缓呼吸，呈“守我之静，待人之动”之势。（图6）

5. 吸气提臂

承上势，脐轮吸气，意想气贯手指、并由指而掌而臂，促使双臂缓缓上提，提至与肩同高。（图7）

图 6

图 7

6. 坐身下按

承上势，随即呼气，气沉丹田，带动臀部缓缓向下坐落，双膝自然弯曲，像坐椅子那样坐下去，使双腿适度弯曲，成四平坐马势；同时随着坐身带动双掌随势下按（不是双掌自己下按），掌指略高于肩，两肩松沉，肘尖垂向地面（即松肩垂肘），掌心虚空，十指向前，悬头垂尾，上体中正，做到肩与胯合、肘与膝合、手与足合的“外三合”，凝神前视。（图8、图8附图）

图 8

图 8附图

（三）详注太极不老春养生心法

1. 在静态中开发潜能

太极起势是由静而动，但在动的过程中仍然保持着那份静意、静态，即拳论所说“静中触动动犹静”。静意、静态是太极养生的核心，一切紧张、烦恼、压力都能在安静中消除，生命潜能之花亦须在虚静中开放。所以，练拳过程中要十分注意修炼“其静如动，其动如静”的意境。

2. 青春之路始于脚底

大凡练太极拳者都知道太极拳的根本在于脚的修炼，即所谓“其根在脚”也，要把脚练成“太极脚”。笔者在拙著《太极内功心法全书》中曾论及“青春之路始于脚下”。为了青春不老，必须注意脚的修炼。

如何炼？有二法可行。一是全脚放松，包括脚趾及脚心、脚掌、脚面以及踝关节都要放松。其中脚趾的放松容易被忽略，例如“五趾抓地”之说，用力抓，就紧张了，所以应“五趾粘地”“脚掌贴地”，像踏在毛毯上似的，让脚底、脚趾有舒适感。

另一法是，让身体重心落在脚底3号位和4号位之间，切切不能落在脚跟上，如果落在脚跟，时日久了，必将损伤后脑，不能不防。

按此二法练脚，就能既稳固又舒适，发挥“其根在脚”的作用。

3. 保护双膝之一

人体双膝很易受损，一般未老先衰者，都是脚及膝先行衰退。练拳如果动作错误，则很快会伤及双膝，而常见的一种错误动作就是“跪膝”。

“跪膝”有四种情况，第一种是上述“坐身下按”时，错误的先屈膝向前跪蹲下去，以至双膝前冲，超过脚尖，连带臀部撅起，形成“跪膝”的犯规动作，结果全身重量大部分压在双膝膝盖上，时日一久，双膝因长期不堪重负而造成伤害，膝盖酸痛，甚至犯病，行动不便，不得不去医院手术，甚至个别太极名家也遭此手术之苦。

正确的练法，当然是严守“外三合”，即上体中正，开胯松腰，臀部下坐内敛（如同坐向椅子），带动双膝自然弯曲，双膝不能超过脚尖，宛如四平八稳地坐在椅子上，以双膝感到放松舒适，没有重量负担为标准，如果双膝感到很“吃重”，那就错了，赶快纠正。此法适用于四平步、马步、侧弓步等姿势。

所以笔者将这一动作取名为“坐身下按”，而不沿用“屈膝蹲身”，因为先“屈膝”容易造成跪膝。

第二种“跪膝”情况是在抱球时，一脚支撑着地，一腿弯膝悬足时，那支撑着地的腿容易发生跪膝。

第三种情况是，起势以后各式的弓步，前弓的腿，其膝不能超过脚尖，也以感到松适、没有重负为准。

第四种情况是虚步的后腿，膝盖与后脚尖也要保持相同方向，以膝感到舒适为度。

第二、第三、第四种情况乃是起势以后展开的拳势，因为都是保护双膝，所以先在这里提一下，以后再展开详说。

第二式　右揽雀尾

（一）题注

揽雀尾的名称，是取意而命名而来。因其动作十分轻灵，仿佛雀儿飞过，用手就能揽粘其尾；或说手持雀尾能随其上下旋转之意，所以命名为揽雀尾。

各家太极拳都有此式，不过有两点不同：一是名称不一，如陈式太极就称作“懒扎衣”；二是练法既有共同之处，又有不同点，例如“42式”的揽雀尾就综合了杨式、吴式两家的练法和编写人员的创意，请看。

原版动作说明①至⑩为掤、捋、挤三法三劲，⑪至⑬为按；那前面的三法三劲主要是杨式太极拳的练法，后面的按，则是吴式太极拳的练法，而且其右臂平划一个大弧圈按掌而出，不仅仅是按，还包含了掤、捋、挤三劲在内；加上“42式”编写人员的创意，使杨吴二家的练法协和为一于“42式”的整体之中。笔者体会，这右臂一大弧圈虽然已溶于“42式”的整体之中，但这一弧圈中的四个劲意不能丢，练习时要有此意，才能练出韵味来。

就太极拳的内功劲法来说，揽雀尾包含了太极八法八劲中的四法四劲（掤、捋、挤、按），太极先贤称揽雀尾是太极拳的总手。而且从各家太极的练法过程来说，揽雀尾还包含采、挒等劲意劲法。如杨式、吴式的练法，捋中还有采，掤中还有挒；又如武当内丹太极的复势揽雀尾包含11个劲意劲法。

总之，揽雀尾一式，劲意劲法变化较多，修炼的难度较大，不少拳家体会，这是太极拳招式中最难练又是最重要的一式，须格外用心修炼，才能登堂入室，登太极内功“神明”之堂，入延年益寿不老春之室。

（二）增演动作过程

1. 欲右先左（右抱球）

承上，缓缓吸气，腰胯松沉，微微左转约3°～5°，带动身体两手向左微转（此谓欲右先左），随即向右回转约10°，左手随右转向下划弧至膝前，手心向上，右手与左手上下相对，与左手成抱球状；同时左脚掌内扣，随之右脚掌外撇，身体重心大部移至左腿，成右虚步，面向偏西南约10°，上体中正，凝神前视。（图9、图10）

图 9

图 10

2. 悬足蓄势

承上，随即呼气，重心前移右腿，左脚提膝悬足于右脚内侧，左足尖虚悬不着地；上体中正，悬头垂尾，凝神前视，蓄势待发。（图11）

3. 左上步蓄势

承上，随即吸气，松腰坐胯，左脚提起向左前方上一步，先脚跟着地；上体微向左转，上体中正，蓄势待掤。（图12）

4. 进身左掤

承上，随即呼气，松腰坐胯，重心逐渐移向左腿，促进左腿前弓，随着弓腿左手提起，逐渐向左前方进身掤去。此时的掤势有三，务必留心分清：

一是上掤，即在掤势初起之际，左手掌心向下，左臂外侧向上，乘腰胯松沉之势，由下向上掤起，此谓上掤。（图13）

图 11

图 12

图 13

二是前掤（亦称正面掤），上掤不停，随着沉胯长腰进身之势，左手渐渐滚翻，变成左掌掌心向内、左臂外侧向前，乘弓腿进身之势向左掤去，略低于肩，目视前方，所谓前掤。（图14）

三是横掤，在上述前掤（正掤）将尽未尽（左弓步将成）之际，腰胯向左横方松沉旋转，带动前掤之左臂向左横侧掤去，横掤约25°～30° 。（图15）

图 14

图 15

【特注】

上述掤势过程都是呼气。虽然细分为三掤，但演练时必须一气呵成：提左臂上掤时，左前臂应松肩垂肘，横屈圆撑，弧形上掤；向前正掤时，左臂应呈半月形圆撑之势；向左横掤时，应松胯转体、松沉横掤；在左臂上掤之时，右掌应跟随左臂后面，随着上掤、前掤、横掤之势，逐渐向下、向后按去，按至右胯前，掌心向下，以成上掤下按之势。

5. 转身采挒

这一过渡动作，原版未标出，今设目列出。

承上，随即徐徐吸气，腰胯松沉，重心移向右腿，同时向右旋胯转腰，带动两手运作，左手前伸寸许，边随前伸边旋腕翻掌，掌心渐渐向上，形成左挒手势，随着重心移向右腿，向右方挒去；与此同时，右手做下采之势，形成左挒右采的拳势，此时成右弓步采挒势，上体中正，悬头垂尾，面向偏西南，目视前方。（图16、图17）

图 16

图 17

6. 左抱球悬足

承上，徐徐呼气，同时松腰落胯，重心后移左腿，带动双手划弧翻掌，左手在上，右手在下，成左抱球。随即左脚踏实，右脚收回至左脚里侧，足尖虚悬，此时面向西方，上体中正，目视前方，蓄势待进。（图18）

7. 上步右掤

承上，徐徐呼气，同时腰胯松沉，右腿提膝向前上步，先脚跟着地，随即重心前移，左脚踏实。在弓腿进身的同时，右前臂提起，向上、向前掤去。掤势有三，即上掤、前掤、横掤（见前述“进身左掤”）。此时上体中正，凝神前视。（图19）

图 18

图 19

8. 旋腕刁拿

承上，随即缓缓吸气，向右微微旋胯转体，催动右手松肩伸臂边转边伸，将要转向右侧上方时（偏西北），右掌随势旋腕外翻，五指上扬，掌心斜向前，含刁拿缠腕之意，接着意想自己右手已经粘黏着对方手腕；在此同时，左掌随着右掌变化而旋腕仰掌，使右掌心与左掌心上下斜相对，身正前视。（图20）

9. 退身下捋

承上，随即开始缓缓呼气，松沉向后退身，重心移至左腿，一边退身一边向左旋胯转体，带动两手臂（右在前，左在后）向左侧后下方捋去；意想自己的右腕根及尺骨处黏着对方的肘关节，而仰掌在后的左掌侧黏（扣）人之手腕，两掌协同随着向左旋胯转腰往左侧后捋去，一起捋至偏南，双目随视。此时重心寄左腿，成右虚步，上体中正。（左捋势，图21；左侧后捋势，图22）

图 20

图 21

图 22

10. 转身搓手

承上，当上述捋势将结束之时，随即开始缓缓吸气，腰胯松沉，回转至面向正西，带动右肘松沉微屈及右臂小幅划弧，使右臂呈圆弧外撑之势置于胸前，腕略高于肘，掌心向内，松肩垂肘；同时左前臂翻掌划弧绕一小圈，左掌心搭在自身的右脉门处，准备向前挤去。此时重心仍寄左腿，成右虚步搭手势，身正前视。（图23、图24）

图 23

图 24

11. 进身前挤

承上，随即开始缓缓呼气，边呼气边重心前移，前腿（右腿）弓腿进身，后腿（左）伸展，腰胯松沉前进，带动两手向前挤去，成右弓步斜横臂前挤势，此时面向正西方。（图25）

这一横臂平挤之法，要注意我之两手有虚实之分，右手臂在前为虚，只是虚虚地黏着对方的胸（臂），好像是垫在对方身上的软垫子（柔中寓刚）；而左手则为实，出劲推着软垫子向前挤去，似有不可阻挡之势，身正前视。

图 25

12. 右转划弧

承上，随即开始缓缓吸气，同时腰胯松沉，向右、向后旋胯转体，边转体边带动右臂掌心翻转向上，并向右平行划一大弧形，重心移向左腿，右腿为虚，右脚尖上翘；在右臂右掌划弧过程中，上体中正旋转，而左掌则始终附在右腕内侧随之划弧，目光随着右掌而移视。（图26、图27）

图 26

图 27

13. 左转屈肘

承上，继续缓缓吸气，随即向左旋胯转体，右脚尖内扣，右掌随着划弧之势屈肘内收，掌心斜向上，左掌仍附

在右腕处，上体随转面向南偏西，目光随视。（图28）

14. 丁步按掌

承上，随即缓缓呼气，继续松腰落胯，上体乘势向左微转，重心移向右腿，右脚踏实，左脚收回至右脚内侧，脚尖着地，成丁字步；随即右臂内旋，右掌随转翻掌，掌心向外、向右前方立掌按出，腕高度与右肩平；左掌随转而动，手指仍附右腕内侧。此时上体中正，目视前方，蓄势待变。（图29）

图 28

图 29

【特注】

上述12、13、14节的分解动作，源于吴式太极拳的揽雀尾势，其中右臂平划一个大弧圈及按掌而出，内含挪、捋、挤、按四个劲意劲法，占了太极八法中的四法，很为重要。如今虽然列为42式中的右揽雀尾拳式的一部分，情况有了变化，但是这一弧圈中的四个劲意不能丢，演练时意念上要分清，才能练出韵味来。笔者教授学生时，常常提醒他们要细心体会，不可粗心大意。

（三）详注太极不老春养生心法

1. 气遍身躯不稍滞

①行气、练气，是太极拳作为内家拳的根本标志之一。

从根本上说，太极拳是道家内丹功的动功，所以运气、练气是顺理成章之事。道家的练气，是运用呼吸的屈伸起伏，按照一定的经络穴位运行，修炼成能开发生理和精神潜能的真气。何谓真气，简言之，真气即元气，真气就是生命的本源、本能。不过这种本能的“能”，并非物理学上的“能量”之能，也不是生理学上的“本能”之能，而是有特定含义的“能量”之能。借用南怀瑾先生所说：“暂名之谓‘生命的本能’。”而生命的本能，便是人的“潜能”。所谓修炼太极内劲就是对人体潜能的开发与利用，一旦人体潜能开发出来，就会涌现无穷的青春活力。

所以练太极拳必须行气、练气，而行气、练气又必须贯穿于行拳过程中的一招一式。如果练太极拳不练气，就等同于一般的体操了。

②在拳招中练气，可分为一般呼吸和拳势呼吸两种。

一般呼吸，是指随着招式的动作而进行的呼吸，其原则是：开为吸，合为呼；提为吸，放为呼；退为吸，进为呼；收蓄为吸，发放为呼。行拳过程中只要掌握这个规律进行呼吸，就是初步的练气、行气了。

拳势呼吸，是指随着招式的需要，调节呼吸频率，有时需要长吸短呼，有时需要短吸短呼；特别提醒，在上招与下招之间，如果感到摒气、憋心现象，此时可用小呼吸（短吸短呼）衔接调整以保证呼吸行气的畅通，这是练拳行气最重要的原则，切切注意。

③脐轮调息。

无论是一般呼吸还是拳势呼吸，都要以脐轮调息为中心。一般情况下，练拳过程中的脐轮调息，只要做到意守肚脐、并注意脐窝吸气、通达命门就可以了。

随着日久功课，再按照脐轮调息的层次逐步进行（参阅拙著《太极内功心法全书》脐轮调息章），以便达到以心行气，以气运身，行气如九曲珠，气遍身躯不稍滞，逐步练成阴阳中和之气，逐步迈向练精化气、练气化神、青春不老、完善人生的上乘境界。

【特注】

关于练拳行气，只要按上述心法进行就可以了。因此以下各式，除非特殊需要，一般只列一小目，提示一下，不再一一细说。

2. 练好掤劲补肝肾

这一点要从太极八劲对应的《易经》八卦的原理来理解。按照后天八卦与太极八劲的对应关系是“掤捋挤按，即坎离震兑四正方也；采挒肘靠，即乾坤艮巽四斜角也”。

可见，掤劲就对应坎卦。按照后天八卦的方位，坎卦位于北方，取象属水，因此与坎卦对应的掤劲，其性质当然属水了。

中医理论把坎卦比作人体的肾水，认为肾是生命之本，肾水关系着全身的阴阳平衡，因此保护肾阴是永葆青春的第一要义。明代大医家张景岳把坎卦比作人体两肾，又比作命门，完备了命门元阴元阳和阴阳互根的中医理论。

张景岳的高论，对于发挥坎卦与掤劲的对应作用指明了方向。笔者在60余年的修炼体悟中，提炼了本门武当丹派脐轮调息、命门相济的内功心法，促进了修炼效果。

例如在抱球蓄势时，意想由脐轮吸气，脐窝微微内敛，把气一直吸到命门，使命门得气充盈饱满；接着上步呼气做掤时，意想内气由命门向前送注入下丹田；同时命门微微向下一坐，意想内气及内劲贯注两肾（笔者取名“玉带围腰”），流遍全身，并悬头垂尾神贯顶。这样练气之日久功深，就能鼓起命门之火，温暖两肾，活跃肾中之阳，从而补肾益精，保护青春不衰。至于掤劲的利肝作用，是从五行生克关系演化来的。肾属水，水生木，木属肝，所以练好掤劲，既能补肾，又可以护肝。不少人因肾虚肾亏、肝脏受损而体质日降，未老先衰。而练好太极就能养肾护肝，常葆青春。

那么如何练好太极掤劲？笔者体会，关键在于按照掤劲属水的性质来修炼。老子说：“天下莫柔弱于水，而攻坚者莫之能胜。以其无以易之。”说明表面柔弱的水，内含无限强大的生机，天下莫之能胜，反而能弱胜强、柔胜刚。太极拳先贤对此心领神会，所以老拳谱说："掤劲义何解，如水负舟行。"这"如水负舟行"的含义，就是我们练掤势掤劲的心法。当左抱球蓄势、上步三掤时，应周身放松柔和，心态平静恬淡，不仅仅两臂充满掤意，而满身都含"如水负舟"的意境，这样才能发挥温肾水、润肝木的作用，再加上脐轮调息，玉带围腰行气，自然能抗老葆青了。

3. 浑身皆掤春常在

掤，不仅位列太极八劲之首，而且是太极内劲之本。换句话说，太极拳的一招一式都含有掤意，而掤劲又是其余各劲的后盾。所以我们不但要练好"揽雀尾"这一式的掤势掤法，而且应浑身皆有掤意。

鉴于"掤"的全局性意义，笔者曾在拙著《心法全书》中用两章的篇幅做了详论，说明它是浑元一掤，与坎卦对应，其性水月，纯柔纯刚；其象满月，可弹可承；其劲浑元，周流全身；用于养生，青春常在；贯注拳招，无处不在，所以有"太极拳乃掤劲"之说。

因此，我们练拳，既要精心练好掤势，又要把掤劲掤意贯注于各招各式之中，让全身皆有掤意。

满身皆掤的核心是水和气。就气来说，太极拳练的是浑元一气，掤劲是由浑元内气练成的。

何谓浑元之气？最初是指我国古代哲学家探索宇宙生成论过程中使用的名称，它是指天地未分之时、宇宙未成之前的混沌状态，那里只有混沌之气（名之为太极之气，又称太极一气），别无他物，后来产生了阴阳二气，才分阴分阳，生出天地万物。

后来的医家、道家及太极拳先贤，就把这混元一气比喻人体的先天元气，人们的健康状况如何，决定于自身的先天元气是否充盈，身体衰弱者多半是因为元气衰退所致。因此医家致力于培本固元，补气益中；儒家则养吾浩然正气；我们太极拳就修炼混元一气。

人体的太极混元气，是由先天元气与后天水谷之气以及吸收天地灵气化合而成的。简言之，人的混元一气是天、地、人“三才”之气、混浑为一的气。

混元一气如何修炼？笔者奉行的是“天蒂合修法”。天，指头顶百会穴；蒂，指肚脐神阙穴。通过脐轮调息，神气相聚于顶，修自身的阴阳中和之气，并与天地灵气中和为一，日久功深练成太极混元一气（此法可参见拙著《太极内功心法全书》脐轮调息章节）。在练气的同时，还要修炼掤劲“如水负舟行”的意境，想象自己柔弱如水，通身透空，好像弱水载舟而行，无论小舢板，还是航空母舰，都能载浮载沉，负之而行。这样既能练成纯柔纯刚的太极内劲，又能启示在人生的长河上，无论遭遇什么，都能载浮载沉，或者逢凶化吉，或者持盈保泰，健康和事业都能春光常在。

4. 坎离交泰葆青春

揽雀尾中的捋，对应八卦的卦位是离卦，卦象为火，为光明。中医理论，把坎卦比作人体的肾水，把离卦比作人体的心火，认为坎离交媾，阴阳交泰，能使人体水火相济，祛病长寿。

道家内丹修炼中的“坎离交媾”，就是心肾相交，水火相济，目的是培养元气，返本归元。因此，我们要把掤、捋两势相连在一起练，而且要按照坎离相交的意境去修炼。以这式“右揽雀尾”为例，当右掤之前的左抱球蓄气时，脐轮吸气至命门；当弓步前掤时，从命门呼气经两肾再汇合于脐轮（即“玉带围腰”心法）；当旋腕刁拿时，吸气至命门；当退身向左侧下捋时，呼气由命门至右肾向左肾环转一圈。

这一行气过程，是命门之火与左右两肾的肾水进行水火相济，又同时进行心与肾气之间的水火相济。因为从太极内劲的聚发来说，掤与捋是相通的，捋劲相承于掤劲而来，而掤劲又是捋劲的后盾。例如在向左侧下捋时，应两掌松柔，两臂都含有掤意，否则捋劲将如无根之本，一触即倒。所以要掤捋相通，才能使坎（掤）离（捋）相济、阴阳交泰、青春长驻。

5. 护膝之二

右揽雀尾分解动作2的“悬足蓄势”和分解动作6的“左抱球悬足”都是两臂抱球状，一腿独立支撑，一腿悬足的态势。

此时那独立一腿的膝盖应正面对向足尖，但不能超过足尖，也不能向内或向外倾斜。否则全身重量就会压向膝关节，使膝关节严重超负荷，日久就会积劳成疾，患膝骨关节炎，出现疼痛、肿胀、半月板受损等症状。

这种独立腿时的膝盖位置不正，是另一种“跪膝”现象，必须防止和克服，才能护膝不受伤。

纠正的办法是上体中正、松腰落胯、悬头坠尾，尤其要注意臀内敛，想象尾闾下坠至脚跟，上下成一线了，再加上悬头领劲，形成悬头坠尾神贯顶的态势，就能正身护膝了。

6. 培养整体养生观

右揽雀尾，是修炼太极内功整劲的一个典型拳式，亦是培养身、心、灵整体养生观的一个经典拳式。

人体原本是一个形神合一的整体，由于后天的原因，整体性破坏了，产生了内外不一、上下脱节、形神分离的问题，以致元气渐衰，健康日降。而太极拳能促进人体内外一致，节节贯穿，周身协调，形神相合，使身、心、灵、劲全面升华。而右揽雀尾独领风华，能集太极拳许多优点于一式，取得整体性效果。

这是因为右揽雀尾在全套拳术中分解动作最多，达14个，所含的内劲技法最多，占了太极拳八劲八法中的六劲六法，即掤、捋、挤、按、采、挒六法；还有弓步、虚步、丁步等多种步法身法的变化；以及由于动作多带来的内气转换上的呼吸频率如何掌握等问题，凡此种种，如果处理不好，就难以合一。所以练拳先练心，要在意念上、心智上确定一条主线，把种种要求有机地结合起来，按照这条主线运行。

这条主线就是太极学说的原理：太极就是一。这一，就是太极阴阳未判、天地未分之前的统一的混元为一的气体，所以太极即一。行拳时就要用这条“一”的主线来统率全局，不论揽雀尾的劲法、动作有多少，它们都是太极整劲在不同情势下的不同表现，好比是“月映万川”；而每一个不同劲法、手势都应服从于这个“一”，做到如拳论所说的“心为令，气为旗，神为主帅，腰为驱使”，使内外上下、前后左右的形神活动有序地归于一炉，合成太极一劲，成为“万川一月”。

因此，我们在练这式“右揽雀尾”时，要把“一”作为“心”发出的命令，“心为令”，一切形与神的态势，都围绕着“一”而进退转合，使神意、腰转、身动、手势、步法等内外合一，从而练成一个松柔圆满、轻灵沉着、阴阳中和、形神合一的统一体。这样我们的身心便能坎离相济，持盈保泰了。

第三式　左单鞭

（一）题注

取名单鞭，其说有三：

一说，源自唐将尉迟恭“单鞭救主”的故事，后人加以引伸发挥，如弈林高手创作了“单鞭救主”的象棋残局；而武林先贤则创造了“单鞭救主”的拳招剑招。

二说，仿照鞭法，用单手击敌之意。

三说，一手勾手，一手穿拂面前，向前挥击，状如跃马扬鞭之势。

太极拳的单鞭受此影响演化而来，比喻两臂前后展开，跃马扬鞭，长鞭挥洒击发。

单鞭一式，左右皆练。“42式”中的第三式为左单鞭；第十二式为右单鞭。

诸家太极拳均有单鞭一式，但练法不尽相同。例如：“42式”中的左单鞭，综合了杨式、吴式两家之长，而右单鞭，则取材于孙式太极拳，各有巧妙。

（二）增演动作过程

1. 五指勾手

承上，当上势右手推掌刚刚成势之际，随即松腰落胯，右手五指下垂合拢成勾手。目视前方，蓄势待变。（图30）

图 30

2. 转身翻掌

承上，随即腰胯松沉，向左转身约20°，右手腕外旋翻掌，五指松开，原勾手变为掌心向上，置右肩前方；同时左手随同转体移置左胸前，掌心向上，目视前方；此时重心全寄右腿，右脚尖内扣约30°，蓄势待变。（图31）

3. 提膝捲腕

承上，随即稳定中心，腰胯松沉，向左转体至东，趁松沉之势，左腿松膝提起，足尖下垂，做势欲迈（脚未落地）。同时，左掌向左移至东南方向，掌心斜向上；右掌手腕内旋，向里裹捲成勾手，手指斜向下，成为勾手鹤头掌型，目视左手前方，关顾前后两手。须立身中正，右腿稳定，头顶虚悬，精神专注（注：这是单鞭过程中的短暂的过渡动作）。（图32）

图 31

图 32

4. 上步蓄势

承上，随即继续左转，转至稍偏东北，左脚乘势向前跨上一步，先脚跟着地（含蹬意），左掌随同左转体向左旋转掌，蓄势待进，目视前方。（图33）

5. 弓腿切掌

承上，随即左腿前弓，松沉进身，左脚全脚踏实，稍内扣，右腿伸展后蹬，成弓左步；在上步进身的同时，左掌一边内旋一边坐腕立掌，伸臂向前切掌而去，劲点落在掌缘内侧，掌型侧立掌，指尖高不过眉，左手与左腿保持上下一致，两臂前后呼应，上体中正，成左单鞭势，面向东。（图34）

图 33

图 34

左定势亮相时，须“三尖相照”，即左手指尖、鼻尖、左足尖的方向要上下一致，并要肩与胯合、肘与膝合、手与足合“外三合”，以及悬头垂尾、舒胸松胯、开胯圆裆、中正安舒、意气昂扬、劲贯两掌，凝神前视，静定蓄变。

6. 长鞭挥洒

本动作过程新注两点拳意：一是向前挥击的左手的掌型改为切掌；二是右手的勾手练法，增添了卷腕旋掌勾拿手法。习者如何操练，是依照原法，还是加点新意，由习练者随意而定。只要体现长鞭挥洒的意境就行。

不过要注意，左掌前切（或推）与右掌向后勾拿，都要靠腰腿带动，同时发动，同步到位，连同松沉弓腿进身，要三位一体，一气呵成，不能因为动作分解而停顿断续，只有连成一气，才能形成长鞭挥洒之势。

（三）详注太极不老春养生心法

1. 气遍身躯不稍滞

一招一式过程中，都要以脐息为中心，按照一般呼吸和拳势呼吸的规律，行气练气。

2. 松肩吐劲治肩疾

当弓腿进身、左掌前切、右掌后勾，形成单鞭之际，要注意悬头虚领、舒胸扩背、松肩垂肘、中正安舒。其中松肩一诀容易被忽略，须特别注意。因为此时，无论从内劲的输送还是养生利肩来说，肩窝是否松空是个关键。如肩窝紧张，就会阻塞内劲的输送。所以双肩必须放松，还要微微松沉，用意念把内气内劲从肩窝送达前后两掌，称之为“松肩吐劲”；而且在松肩吐劲的同时，肘关节须松活伸展，推动两臂向前伸展，促使内气内劲顺畅而出。

这松肩吐劲、两臂伸展的心法，对养生也很重要，能够防治肩关节炎。

3. 金丝缠腕心宽松

此式右掌的卷腕勾手，是笔者新注的动作，因为笔者对此深有体会，这卷腕勾拿，不单是技法上“金丝缠腕”的训练，而且更利于养生。俗语说“十指连心”。手腕与手指的放松修炼，能促进心地安宁，心情宽松，减轻心脏负担。

再从太极拳的不少招式技法中，都要使用腕法，如采挒、擒拿、云手、搬拦、掩手等，都要发挥手腕的灵活作用，不可等闲视之。

4. 一秤压千斤，健康有保证

在左腿前弓、后腿伸蹬、切掌前进、即将形成单鞭之际，务必注意尾闾松沉前进，这一点是很重要的心法。

尾闾位于脊梁骨的末端，俗称“尾骨”“尾巴根桩”，穴名长强。它身系稳定中心、贯通上下的重任。先师曾把它比作“秤砣”，一秤压千斤。笔者体会，我们全身重量的前后移动变化，必须靠尾闾来调节，尤其在以腰胯为轴进行旋转时，要靠一秤压千斤的作用来调节。

其实，仅仅尾闾前进还不够，而应尾闾松沉前送。如果离开了一个“沉”字，就失去了“秤砣”的作用。所以，一秤压千斤，健康有保证。

第四式　提手

（一）题注

此式在传统太极拳中，名“提手上势”“提放手”等，今“42式”取名“提手”。名称虽变，但内涵并无多大变化。

提者，如抱了重物往上提起，接着向下掷放。从内劲使用而言，练的是上提劲与掷放劲，以及两手合拢时的合劲，还可变化为挤、按等劲法。

此式动作虽然简易，但内涵丰富。对养生而言，有松开全身骨骼、关节、活动腿脚、伸展两臂、调理内脏等功用。

（二）增演动作过程

1. 右转采挒

承上，单鞭刚刚完成之际，随即腰胯松沉，向右回转，重心亦向右腿转移，并连同右脚尖微外撇；左脚掌内扣，略偏西；在转移重心的同时，左前臂微前伸，带动左腕外旋翻掌，掌心向上，用掌根向右随势挒去；右勾手松开，掌心向下，松肩垂肘，随同右转向右侧采去，形成侧弓步左挒右采势。面向偏西南，中正安舒。（图35）

2. 左转采挒

承上，随即腰胯迅即向左回转，带动两掌同步运作，左腕内旋成（俯）掌向左侧方采去，右掌则外旋成仰掌向前挤去，中途变为挒势，随左掌方向同时向左挒去。

此时重心移左腿，带动右脚掌内扣向南，成左侧弓步右挒左采势。面向南略偏东，身正前视。（图36）

3. 合抱收脚

承上，随即松腰沉身，略向右转，再向左微转，重心寄于左腿，右脚乘势碾转收回至左脚前。在松沉收脚的同时，两臂旋转掌心均向内，似横向抱球状。此时面向偏西南，蓄势即变。（图37）

图 35

图 36

图 37

4. 滚臂上提

承上，随即腰胯松沉，尾闾下坠，两前臂在胸前翻滚上提，右手稍在前，左手稍在后，两手似抱着一物欲上提之势；在沉身坠尾的同时，右腿乘势微提起。此时立身中正，双目凝神前方，蓄势待发。（图38）

5. 沉身掷放

承上，继续松胯松腰沉身，两臂继续翻滚上提，须伸展臂节（防止耸肩），拔腰长身；两手提至头部高时，随即沉身向前掷放，宛似把两手所抱之重物掷放于地；同时右脚落地，脚掌踏劲，成右虚步提手势。此时面南偏西，身正前视。（图39）

图 38

图 39

【特注】

分解动作3、4、5应一气呵成，中间不能发生丝毫停顿。为了防止练拳时一滑而过，才细分说明，不能因此而断断续续。

（三）详注太极不老春养生心法

1. 气遍身躯不稍滞

行拳过程中，都要以脐息为中心，按照一般呼吸及拳势呼吸的规律进行练气，以便气遍身躯不稍滞。

2. 整劲提放练混元

提手一式，含提劲与放劲两个劲别。但提劲不能仅仅用手来提，而是要靠内气鼓荡及腰腿伸展来提，并且下盘要稳固，要开胯松沉，拔腰长身，气贴于背，分贯两臂，悬头凝神，用太极整劲来提，要内含“力拔山兮”的气势，才能乘势把对方提起来、放出去。

至于放劲，亦要用整劲来放，掷放时要上下相随，周身一家，浑然一体，整劲掷放，如口诀所说“浑然一体把人放”。

整劲提、整劲放，练的是混元一气、混元内劲，对太极养生来说，就是后天返先天，培炼先天之气。例如两手上提时，心中想象两手从下丹田出来，被丹田内气激发鼓荡而上提，并不是“手”独自提上来的，这称之为“手从丹田出”。其行气线路，在“行气养生”中已说明，此处不再重复。

3. 腰胯为轴壮肾腰

主宰于腰——主宰腰胯，是太极拳的主要心法要领，全套拳术的每一招都要贯彻实行，而此式中的“右转采挒”“左转采挒”更为明显。

在左右旋转采挒的过程中，都应以腰胯为轴、两脚为桩，带动两臂两手划弧采挒，尤其在旋胯翻掌、过裆换劲、变劲横挒下采的瞬间更须旋胯转体，一旋而挒采。如果说，腰胯旋转作为公转，那么两手运行就是自转，必须以公转带动自转，才能使采挒奏效。

能否以公转带动自转，关键在于开胯松腰。方法是髋关节及胯根松开并下沉，同时腰部放松柔塌，双膝端正、尾闾下坠并含前托之意，以达开胯圆裆；同时要虚领顶劲，松肩垂肘，一直松到脚底，松而能活，活而能以腰胯为轴灵活旋转，从而公转带动自转。

这种腰胯松沉灵活旋转之法，就是壮腰固肾之法，是用内气对肾腰进行按摩调理，也是用“刻刻留心在腰隙”的太极心法，加上“玉带围腰”的行气心法，能鼓荡命门之火，温暖两肾，活跃肾中之阳，以收补肾益精之效。

4. 立步如桩不怕跌

在行拳过程中，凡定步时都要“立桩”，这是太极拳极其重要的心法原则，即“其根在脚”也。尤其像“采挒”“分鬃”等训练内外横挒劲为主的拳式、拳势，更要注意“立步如桩”的修炼。本式虽是“提手”式，但过渡动作的左右转身采挒就应“立桩”。

所谓立桩，就是两腿、两脚都要像木桩那样牢牢地“钉入”地下，不摇不动稳如泰山。当旋胯转身采挒之时，两脚两腿不能晃动，必须像木桩那样立于地。尤其要注意弓腿的膝必须与脚尖保持垂直线，不能因腰胯转动而晃动，要使小腿像木桩那样植立于地。弓腿的大腿如大梁横架于上，稳定如山，而后腿自然伸展撑立于地，加上立身中正，四平八稳，才算得法。

这“立步如桩”的心法，不仅是挒采劲能否成功的一大关键，更是对养生有重要作用。因为立步如桩与腰胯灵活旋转，能促动腰胯、双肩两臂整体运转，既有助于修炼混元之气、壮肾固精，更能疏通调理腰腿、膝、脚的经络穴位，保持气血畅通，祛风去湿，防治腰腿酸软、关节疼痛以及老年容易摔跌等问题，所以说“立步如桩不怕跌”。

第五式 白鹤亮翅

（一）题注

此式两臂左右分开，上下斜伸，似鹤之两翼，而且一脚实，一脚虚，犹如鹤之独立，故名白鹤亮翅。

久练此式，可舒展臂膀，坚实下肢，开阔胸襟，并修心养性，进入白鹤凌空的妙境。

（二）增演动作过程

1. 转身左捋

承上，随即腰胯松沉，向左转身，带动两手向左下方捋去，重心全寄左腿，成左实右虚，上体中正，目光随视。（图40）

2. 换步抱球

承上，上述捋势不停，继续向左侧后方捋去；重心移向左腿，上体转向偏东南，带动右脚后撤，脚尖内扣，随即重心回移右腿踏实，左脚掌放松外展，成右实左虚的态势；在此同时，两手从捋势变为划弧向上，翻转合抱于左胸前，左手在上，右手在下，成左虚步左抱球状。此时上体中正，目视前方。（图41）

3. 抱球磨圈

承上，随即向右、继而向左旋胯转体；同时左脚掌微微碾转至面向东（脚掌粘地），带动两手向右再向左圆形磨转一圈，右手在下、左手在上，成左虚步左抱球状，上体中正，神贯于顶，蓄势将变。（图42）

图 40

图 41

图 42

4. 舒腰展翅

承上，随即脐轮吸气，舒腰长身，向右侧旋转，催动两臂左右分开，右臂弧形向右侧上方斜捌而上，捌举至头部右侧上方，掌心斜向上；同时左手掌心向下，向左、向前采按，按至身体前方。此时上体中正，沉腰松肩，两臂双手左右分展，上下斜开。目视右前方，宛似白鹤凌空展翅。（图43）

5. 松沉亮翅

承上，随即腰胯向左回转，转至面向正东方，迅即腰胯及两肩同时向下松沉，尾闾下坠；乘此松沉坠尾之势，右手转腕旋掌，掌心斜向左，并坐腕发放暗劲，置于右额侧前方，略高于头；此时按在左方的左掌，按掌的姿势不变，但须在右掌坐腕施放暗劲的同时，掌根下塌，亦略施暗劲，与右掌形成上下对称的态势；同时右腿坐实，左脚略上提，前移寸许，脚掌粘地，脚跟虚悬，形成低架左虚步亮翅势；上体中正，两肩松沉，悬头坠尾，提神凝目，身心松空，活现白鹤亮翅的英姿。（图44）

图 43

图 44

（三）详注太极不老春养生心法

1. 气遍身躯不稍滞

动作1、2初练时，可做一次呼吸，即1为吸，2为呼；待练之日久功深，可延长呼吸；如果磨圈2次，即磨一圈为一个吸呼，至于呼吸的长短，则与磨圈的速度相适应。

上述拳势呼吸，无论是长是短，都要以脐轮为中心吸呼，吸时敛脐，呼时气由命门通向脐轮，尤其在磨圈时更要注意。

2. 丹田内转保青春

在动作 3 抱球磨圈时，两手的螺旋绕圈要靠意气的运行来带动，促使丹田内转一圈或两圈，带动两手磨转抱球。这丹田内转外形并无迹象，全靠意气的转动，容易被忽略，所以要特别提出。

因为丹田穴是人体要穴，它与人的元气相通，是元阳之本，真气生发之处，是人体生命动力的源泉，又是全身气血汇集之处，故又称为“气海”。

中医理论认为，丹田内气的强弱，决定人的盛衰存亡，常言道：“气海一穴暖全身。”如能经常按摩、理疗丹田，对防治妇女月经不调等妇科虚性疾病，及男子性功能衰退、中风、脱肛等，都有较好的作用。

尤其是太极拳的脐轮呼吸、丹田内转，能促进、调动热气汇集丹田，再下注关元穴（称为第一性保健大穴），并存沉会阴穴（海底），如此循环往返，能促使全身内气鼓荡，加速血液流通，加深呼吸深度，增加氧气供应量，加快新陈代谢，防止疾病发生，增强体质保青春。所以太极拳的各招各式都要注意脐轮调息丹田内转，而本式抱球磨圈，更是典型的丹田内转，要特别注意。

3. 命门吐气强肾腰

在动作5的松沉亮翅呼气吐劲时，要命门吐气，从下返上布于两臂，出于掌指，一吐而出。同时命门缓缓下坐，坠尾坐身，促动下沉之气由下返上，展指坐腕吐劲。

在命门吐气返上时，还要注意“玉带围腰”的行气法，使两肾（水）及命门（火）相济。

命门穴是掌控生命的门户，有全面的养肾功能，既能养肾阴，又能养肾阳。

命门火是人体的阳气，命门火衰，则四肢冰冷，还会产生多种疾病，催人衰老。

太极拳的脐轮调息法中，对命门的呼吸吐纳十分重视，尤其是其中的两田（脐为前丹田，命门为后丹田）相通，玉带围腰，就是用内气对命门穴按摩刺激，只要持之以恒，就能点燃命门之火，从而强肾固本，温肾壮阳，强腰膝，固肾气。

中医认为，经常按摩命门穴（太极拳是用自己的内气进行按摩，是上乘的按摩法），能治疗腰部虚寒疼痛、遗尿、腹泻、男子遗精、阳痿，以及女子月经不调、习惯性流产等症，并能抗老化葆青春。

而白鹤亮翅的命门吐气、命门下坐，更是明显的直接的内气按摩命门穴，是很好的养生要法。

4. 白鹤凌空洗心灵

白鹤，俗称仙鹤，是长寿的象征，“松鹤长寿图”早已家喻户晓。以“白鹤”命名拳招，足见太极先贤的良苦用心，寄希望于太极人士个个如仙鹤般长寿健壮。

笔者体会，其意义还不止于此，还有更进一步的深意，还要进行灵性的修炼。口诀说：“亮翅白鹤似飞翔。”在演练“舒腰展翅”“松沉亮翅”时，身心要虚静无为，心无旁骛，想象那洁白无暇的灵鹤，振翅翱翔于九天长空，自身似乎被带进了“万里无云万里天”的时空。自己的心灵似乎升华了。到此地步，身、心、灵的健康水平就能整体提升了。

第六式　搂膝拗步（左右）

（一）题注

此式的命名，从手势及步法步型而来。搂膝者，就是用手向膝的方向搂去；拗步者，指步法步型而言。因为拳术步法中有顺步与拗步之别。凡是进右脚、伸右手，或进左脚、伸左手，就称为顺步；反之则称为拗步。

此处的搂膝拗步式，取材于杨式太极拳，并溶合于“42式”的整体之中。

（二）增演动作过程

左势

1. 右手掩手洗脸

【特注】

“掩手洗脸”的动作系笔者新增动作，目的是为了丰富招式的内涵。

承上，向左旋胯转体，带动右手弧形向内旋腕、翻掌，掌心向右脸，经右脸向左脸做掩面洗脸状（如猫洗脸，掌与脸相距约10厘米），要弧形旋腕而洗。（图45、图46）

图 45

图 46

2. 左手掩手洗脸

承上，腰胯向右回转，带动右手从左脸处弧形下落于左胸前；左手弧形上举至左脸外侧，掌心向外，左腕外

旋，弧形向右脸做掩面洗脸状。（图47、图48）

3. 划弧收脚

承上，继续向右旋胯转体，带动右手向左侧经腹前向右、向上划弧上举至右侧上方，高与头平，手心斜向上；左手从右脸处弧形下落至右肋旁；同时，左脚收至右脚内侧，脚掌着地，上体中正。目视右手。（图49）

图 47

图 48

图 49

4. 屈肘上左步

承上，随即腰胯松沉，重心全寄右腿，上体微微左转，左脚乘腰胯松沉之势向前上步，脚跟轻松着地；同时，右臂屈肘，右手收至右耳旁，掌心向里；在右臂屈肘收手的同时，左手向下划弧至右腹前。此时上体中正，凝神前视，蓄势待进。（图50）

图 50

5. 进身左搂推

承上，随即继续向左旋胯转体，重心逐渐前移，松沉进身，成左弓步。同时，带动左手弧形搂至左腹左膝前，弧形搂开对方进犯之举（意想），紧接着俯掌按于左侧（此为左搂膝）；右掌从右颊向前推去，其推掌的过程是先切掌再变俯掌，似剑形向前方弧形推按而去，而且要意想触及目的时，迅速沉身塌劲，坐腕立掌吐劲（此为右推掌）。此时须弓步正身，神贯于顶，气注丹田，下按上

推，凝神前视，一身英气。（图51）

右势

6. 左掩手洗脸

承上，重心后移，松沉退身，向右旋胯转体，带动左手弧形上举至左脸外侧，先掌心向外继而左腕外旋，弧形向右洗脸；同时右手弧形下落于右腹前。（图52）

7. 右掩手洗脸

承上，随即向左旋胯转体，带动左手划弧向下至左胯前；同时右手划弧向上至右脸外侧，向左脸掩面洗脸至左脸颊。目随右手。（图53）

图 51

图 52

图 53

8. 划弧收脚

承上，继续向左旋胯转体，带动左手经腹前向左、向上划弧至左侧上方，同时右手弧形下落于左肋旁，并将右脚收至左脚里侧，脚掌着地。目视左手。（图54）

9. 屈肘上右步

承上，腰胯依然松沉，重心全寄左腿，上体微微右转，右腿乘势向前迈进一步，先脚跟轻松着地；同时，左臂屈肘，左手收至左耳旁，掌心向里；右手向下划弧至左腹前。此时上体中正，凝神前视，蓄势待进。（图55）

10. 进身右搂推

承上，随即继续向右旋胯转体，重心前移至右腿，成右弓步；同时，带动右手弧形下搂（此为右搂膝）；左手向前推掌，成左推掌，练法与分解动作 5 相同。至此完成了左右搂膝拗步，蓄势欲变。（图56）

图 54

图 55

图 56

（三）详注太极不老春养生心法

1. 气遍全身不稍滞

在动作过程中，都要按照一般呼吸和拳势呼吸的规律进行练气，而且无论何种呼吸，都要以脐轮调息为中心。

2. 形神俱修猫洗脸

猫洗脸、猫行步，是仿生运动学说在太极拳中的体现。自从太极先贤王宗岳在《太极拳论》中提出“迈步如猫行”的要求后，各家太极拳都把猫洗脸、猫行步作为基本功训练，并贯彻于拳架之中。

原版42式太极拳动作说明中，此式虽无猫洗脸的文字，但有“左右两手上下划弧”等叙述，含有猫洗脸的拳意，现在笔者把它标出来，以方便大家练习。

仿猫洗脸的心法有两点：

一是模仿灵猫的形态。以旋胯转体松腰来带动两手左右掩手洗脸；并以滚臂旋腕、开合化发之劲运行；还要双目凝神，左顾右盼，身法中正，轻松而行。

二是模仿灵猫的神态。笔者经常观察猫的神态，觉得猫很安详、寂静、警觉、敏捷、轻松、舒心、温柔、可爱。它蹲伏时，神态是那么的安详、寂静，又非常警觉，圆圆的双眼瞪得大大的；行动时又十分敏捷，一扑而至；休闲时显得很轻松、舒心；偎依在主人怀里时，又觉得温柔可爱。

我们练拳时，无论是“迈步如猫行”，还是掩手猫洗脸，都要形神俱备的模仿，尤其要模仿它那安详、轻松、舒心、警觉的神态，促进身、心、灵都能轻松愉悦，有助于心有所依，学有所成，业有所进。

3. 斜入正出身法活

无论是左搂推、还是右搂推，在下搂上推的瞬间，要先向右侧（或左侧）微微侧转含斜闪之意（即不动步微微旋胯转体斜闪），随之迅速回转正前方，闪身进身搂推。这是斜入正出的进身法，是王宗岳拳论“左重则左虚，右重则右杳”心法的一种体现，只有细心品味才能触摸到那种劲意。

斜入正出的微闪进身法，不仅对修炼太极内劲及其使用法很重要，而且对太极养生也很有意义。

4. 上下相随病难进

搂膝拗步的上推下搂，以及松沉转腰、旋胯转体、斜进正出、弓腿行进等几个动作，都必须上下相随，同时启动、同时到位，不可脱节。尤其是上推下搂的两手，必须在旋胯转体的带动下同时到位，不能一个早一个晚。这样才合乎周身协调、一动无所不动、修炼整劲的要求，体现拳论所言“上下相随人难进”的心法。

能达到这样的境界，不仅“人”难进，而且“病”亦难进。因为上下相随的前提是必须节节贯穿，一动无所不动。所谓节节贯穿，就是全身所有关节都要松开来，让内气顺利畅通，并由内气把全身关节串起来，成为一个元气充盈、四通八达、上下相随的整体，提高抗病能力和自愈能力。

假如你积劳成疾，关节劳损以致僵硬，尤其是腰、膝、肩等处的关节最容易受损，以致五十肩、膝关节炎、腰腿痛，甚至椎间盘突出等问题都可能发生，并影响内脏器官发生这样那样的问题。

面对这些问题，中医一般主张用针灸、拉筋、按摩等法进行防治，而太极拳的招式动作及内气运行，是良好的自我按摩，像“上下相随、节节贯穿”等内功心法，能提高人体的整体素质，发挥“病难进”的整体效应。当然“上下相随、节节贯穿”不仅是“搂膝拗步”的练法，而且是太极拳所有招式都要体现这个心法要领。

5. 松静圆沉腰胯转　满身经脉皆昌顺

太极拳是放松入静、以腰胯为轴、松沉旋转的圆形（弧形、螺旋、椭圆、曲线）运动，而本式左右搂膝拗步则比较典型的体现了松静圆沉转的心法，而且在运动过程中又有其本身的若干特点，所以通过这一式来介绍太极养生的功能。

松静圆沉腰胯转，对于太极内劲及技法的修炼与使用有直接的推进作用，所谓“四两拨千斤”等功夫，都与此有关。尤其对养生健身有独特的功用，能够调理全身的经络与脏腑，消除病灶，提高抗病能力，常葆身心健康。

例如：松，身体与心情都放松，连内脏器官也全部放松，于是以松柔和美的动作对肌肤、骨骼、经脉、内脏、关节进行按摩、刺激、调理。

尤其肢体弧形螺旋运转的独特运动方式，不但能直接按摩脏腑经络，还能加强血液循环，促进新陈代谢，刺激打通被淤塞的经络血管，安抚出了问题的脏腑，恢复其功能，还能消除被种种压力造成的身心和关节疲劳。

再加上独特的以脐轮为中心的调息法，以深、长、细、匀的呼吸，促使先天之气与后天肾气以及天地灵气的交合中和，成为一种恒氧运动，为肺部和大脑提供充分的氧气，调节大脑神经，活化脑神经细胞功能，达到益智、醒脑、安神，并扩张血管，降低交感神经的兴奋度，有利于降低血压。

再如：圆，肢体的螺旋圆转，不但能修炼太极拳的螺旋劲（抽丝劲、缠丝劲），更有益于养生保健。就以此式的过渡动作左右猫洗脸来说，除了前面已经介绍的仿生运动的养生修性作用外，其圆形动作的作用也不可忽视。此式猫洗脸的圆形动作有四个圈，一是手掌旋腕划弧洗脸的小圈；二是两臂随着手掌旋腕洗脸而上下划弧成圆的中圈；三是腰胯旋转时的胯圈；四是以外促内，手腕、两臂、腰胯的圆形动作，促进脐轮呼吸、丹田内转的圈，激发内气鼓荡，气摩全身，气血流畅，练之日久，不但强身健脑、温养肾气肾精，而且润泽肌肤，促使容颜焕发。

为此，本式在左右猫洗脸、上步蓄势、斜进正出的进身搂推过程中，要全身一松、心中一静、腰胯一沉、尾闾一坠、沉而圆转地弓腿斜进身，方能奏效。

腰胯一松，是说腰胯必须放松下沉，带动命门和尾闾向下坠落及上体微微下坐；但下沉并非死沉，而是松沉，松而能活，所以要松沉旋转。

静与松相辅相成，静就是合，心中一静就是劲气合一，蓄足松劲之势以备化发之用。而且虚能应物，静定生慧，心中一静，能够开发智慧。

总之，本式比较集中的体现了松、静、圆、沉、转的心法，能够全面调理脏腑经脉，使之阴阳平衡，激发生命活力，抗老葆青。

第七式　撇身捶

（一）题注

撇身捶，是杨式、吴式、孙式等传统的太极拳五捶之一。五捶者，即撇身捶、搬拦捶、肘底捶、进步裁捶、搂膝指裆捶五捶也；其中又有进步、撇身、翻身等不同练法。而陈式太极则有捲手肱捶一式。太极拳的招式，大多数用的是掌法，而用拳者，仅此五捶而已。应引起重视，认真操练。

（二）增演动作过程

1. 移重转身

承上，腰胯松沉，重心后移左腿，向右旋胯转体，带动右脚尖外撇，左手略向前伸，掌心向下；同时右前臂外旋，边旋边向右侧后方划弧分开，上体中正，目视前方。（图57）

2. 收脚合手

承上，腰胯依然松沉，左脚收于右脚内侧，脚掌粘地；同时，左手握拳，弧形下落于小腹前，拳心向内，拳眼向右；右手自下而上在体前划一小弧，与左前臂会合，手掌心附于左前臂内侧；上体开始向左微转，目视前方。（图58）

3. 上步蓄势

承上，腰胯松沉，旋胯转体，上体继续左转，左脚趁势向左前方上一步，脚跟着地；同时，左肘松沉，带动左前臂弧形上举至下腭前，右手仍附黏在左前臂。目视左前方，蓄势待发。（图59）

图 57

图 58

图 59

4. 进身撇打

承上，继续松腰沉胯，重心松沉前移，成左弓步；同时，带动左拳翻转向左前方撇打，拳心斜向上，高与头平；右手仍附在左前臂内侧，此时成左弓步撇身捶势，上体中正，凝神前视。（图60）

图 60

（三）详注太极不老春养生心法

1. 气遍身躯不稍滞

在动作过程中，每一招式都要按照一般呼吸与拳势呼吸的规律进行行气练气，而且各项呼吸都要以脐息为中心进行。

2. 闪开正中定横中

从防卫功能来说，撇身捶是闪开正面来势，从横斜面反击而成的招式，所以老拳谱说“闪开正中定横中”。其中的关键在于腰胯的右旋左转以及重心的变换，才能左右逢源、上下交错、一气呵成。换句话说，闪开正中定横中，是靠主宰腰胯完成的，并非只有手的动作，还是那句要诀：“腰胯带手。”腰胯的灵活转动，更能促使气血流畅，健腰壮肾。

3. 撇身打捶要卸肩

撇身打捶时，手臂须弧圈打出，而这个弧圈必须以松肩转肩（卸字诀）为中心，好比自己的肩被对方所制，即用卸肩之法，卸去来劲，撇打反击才能奏效。常练转肩、卸肩之法，还能防治颈椎、五十肩等病痛。

第八式 捋挤势（右左）

（一）题注

此处的“捋挤势”，是“42式”创编人员的创新一招。其招法取材于“揽雀尾”招式的捋与挤的拳势，并融会贯通，自成一式。

笔者在演练过程中，按传统拳意拳法顺势加了左右磨圈，目的是催发丹田内转，推动骨盆圆转，以利修炼内丹，促进抗老葆青。

（二）增演动作过程

右式

1. 移重磨圈（1）

承上，腰胯松沉向右旋，带动上体右转，重心后移右腿，左脚内扣，带动左拳变掌并随势向右划弧；同时右掌离开左臂向右开始划弧磨圈。（图61）

图 61

2. 移重磨圈（2）

承上，腰胯松沉，上体向左回转，重心前移左腿，带动两手继续划弧磨圈；右手继续划弧经胸前向右侧前方平抹磨圈而去；左手继续向前、向右划弧并随屈肘收回至左胸前；两手在胸前划弧交错而过，右掌从左前臂上方穿出，完成重心变换、两手相互交错磨圈，亮相时右手在前、左手在后的态势。上体中正，目视前方。（图62、图63）

图 62

图 63

【特注】

这个两手交错同时划弧磨圈的拳势，很有特色，足见原版编写人员的创意，但是初学有一定的难度。笔者在美国教授时，学生都说磨圈很有意思，但太难了。

难点在于须腰胯松沉自右向左旋转一圈、重心变换（先自左前向右后、再由右后向左前）、带动两手交错划弧磨圈，三者上下相随，协调一致。

其中腰胯旋转带动两手交错磨圈，又是难中之难。处理的办法是，先拆开来单练：

①先练左手，承撇身捶势，左拳变为掌，掌心向上，随腰胯转动而向右划弧，再弧形收回至左胸前；左手练熟了，再练右手。

②右手从左臂内侧离开，自右向左在胸前划弧平磨一圈，在经过左胸时，经左臂内侧向侧前方（东南方）平抹而去，手臂伸展，掌心斜向前，五指斜向上。

③左右两手分别练熟后，就合起来练，一直练到能熟练地同时交错磨圈。

④无论是两手分别单练，还是合起来双练，都必须以腰胯为轴，跟随腰胯旋转而磨圈，两手不要单独行动，必须跟着腰胯转动，才能上下相随、周身协调一致地同时磨圈。

3. 左捋收脚

承上，腰胯松沉，左转，带动上体向左旋转及两掌向下、向左侧后方捋去，左掌捋至左胯旁，右掌捋至左腹前；随即右脚收至左脚内侧。此时面向东南，上体中正，目视前方。（图64）

图 64

4. 上步搭手

承上，腰胯松沉，两手臂同时动作，右臂弧形翻转向上到胸前，掌心向内；左前臂划一弧圈与右手相接，

掌心附黏在右手尺骨内侧。随即右脚向前方进一步，脚跟着地，上体中正，蓄势欲挤。（图65）

5. 进身前挤

承上，随即重心前移右腿，腰胯松沉前进，前腿（右）弓腿进身，后腿（左）伸展，带动两臂向前挤出，成右弓步向前横臂平挤的拳势。立身中正，凝神前视。（图66）

图 65

图 66

这一挤法，要注意自己的两手有虚实之分：右手横臂在前为虚，意思虚虚地黏在对方胸、臂，好像是垫在对方身上的软垫子，而黏在右臂内侧的左手则为实，乘松沉进身之势推着软垫子向前挤去，双手一前一后有不可阻挡之势。

左式

6. 移重磨圈（1）

承上，腰胯松沉，向左旋转，重心后移，带动上体左转，带动两手划弧磨圈，动作与右式相同。（图67）

7. 移重磨圈（2）

承上，腰胯松沉向右回转，带动上体右转，两手继续磨圈，在胸前交错划弧而过，左掌从右前臂上方经过向东偏北穿出，同时右掌继续划弧收于胸前，重心移回右腿，完成两手交错划弧磨圈的左势。（图68）

8. 右捋收脚

承上，动作与左捋收脚相同，仅方向不同。（图69）

图 67

图 68

图 69

9. 上步搭手

承上，动作与右式的上步搭手相同，仅方向不同。（图70）

10. 进身前挤

承上，腰胯松沉前进，重心前移左腿，弓步进身，后腿（右）伸展，带动两臂向前挤出，成左弓步向前平挤拳势。这一横平左挤法要注意两手分清虚实，这在动作之 5 已作说明，此处不再重复。（图71）

图 70

图 71

（三）详注太极不老春养生心法

1. 气遍身躯不稍滞

在动作过程中，都要按照一般呼吸和拳势呼吸的规律进行练气呼吸，并以脐轮调息为中心行气，以利气血畅通，培本固元。

2. 圆转骨盆固肾腰

两手左右磨圈的动作必须以松腰活胯为前提，否则转身不灵，磨圈难成。从养生要求来说，既要松腰活胯，还须转动骨盆。

其实道家早就认识到骨盆的重要性，在道家修炼术中早有锻炼骨盆的功法，使骨盆健康运作，激发生命能源。

那么，在练拳中如何保护骨盆？根本办法是严格遵循太极拳的心法要领，尤其是放松、入静、中正、圆弧形地转动，要刻刻留心。就以这式“捋挤势”来说，双手左右交错磨圈，必须以松腰活胯转骨盆带动双手磨圈，方为得法。如果只是单单双手自己磨圈，就会失去作用。

3. 恪守柔中养美德

这“捋挤势”的挤劲，与“右揽雀尾”的挤劲基本相同，本应在前面介绍，因揽雀尾的养生心法说的内容比较多，所以把挤劲放在此处论述。

挤劲的养生心法有很重要的一点，就是希望练拳者能修养“柔中”美德。这“柔中”之德是从八卦中的震卦中引伸而来。

我们知道，太极八劲八法对应易经八卦，挤劲挤法则对后天八卦的震卦，卦形是☳，卦象为雷，象征雷声震动。这象征意义用之于太极挤劲，就是在得机得势之际，迅若奔雷的挤弹而出，称之为“挤劲若雷”；用之于养生则启示人们要恪守“柔中”美德。

所谓“柔中”，是从震卦第五爻的位置象征引发开来的。由于第五爻的位置是尊贵的居中要位，又属阴爻，故被称为“阴柔居中”，又称“阴柔居尊”。因此震卦的爻辞、彖辞以及许多易学家都赞扬它有“柔中”美德，能够在“震惧”的境遇中，修身省过，谨言慎行，以危惺之心恪守中道，所以能够“亿无丧”（万无一失），开拓“亨通”的境界。

震卦的这一理义，喻示我们练拳为人应当始终恪守中道，方能事事亨通。尤其在遇到雷声震动、震惊百里的情况时，更要修身养性，谨慎行事，方能“处危而后安”。

至于“挤劲若雷”也要恪守柔中之势，方能万无一失。使用挤势挤劲时，如何恪守柔中，主要有三点：一是柔和合力，就是在双手合力横平前挤时，前手松柔，像垫在对方身上的软垫子。二是发挥松沉整体之劲，故须注意身法中正，架势圆满，内外一致，毫无棱角，显示柔中美德。三是挤劲的落点要对准对方的中轴线，是动态中的中轴，并非静止的中轴。三者合一，必能奏效。

第九式　进步搬拦捶

（一）题注

搬拦捶是太极五捶之一，传统练法有进步、退步、卸步诸法，此处练的是进步搬拦捶。

顾名思义，搬拦，即搬开对方来手而阻拦之；捶者，则同时进步用拳出击。搬拦捶三法连绵不绝之意。

此式可运动脊椎，活动腰胯，足以舒展筋骨，调和气血，内气鼓动，以收培本固元之效。

（二）增演动作过程

1. 后坐分手

承上，松腰活胯，重心后移右腿，上体左转，带动左脚尖外撇；同时，两手分开，左掌向下划弧，掌心向上；右掌向右、向前、向上伸展，掌心斜向下，成左虚步分掌势。（图72）

2. 划弧握拳

承上，松腰活胯，重心回移左腿，带动右脚收于左腿内侧；同时，两掌继续划弧动作，左掌向左下再向上划弧收于左侧上方，略高于头，掌心斜向下；右掌向下划弧并变掌为拳，收于腹前，拳心向下，上体中正。目视前方。（图73）

图 72

图 73

3. 提腿落掌

承上，腰胯松沉，重心全部移至左腿，上体微左转，提起右腿悬于身前，左掌下落于左前上方。此时须悬头垂尾，中正圆满，独立稳定，做势即发。目视前方。（图74）

4. 扑掌踹腿

承上，腰胯松沉，上体微转；同时左掌向前、向下扑掌，右脚向前、向下踹，脚尖外展约40°，右拳蓄势初搬。目视前方。（图75）

图 74

图 75

5. 落腿前搬

承上，随即松腰沉胯，重心仍在左腿，右脚下落，脚跟着地带动右拳引化来劲，以肘为轴向上、向右、向前弧形搬出，此谓搬臂；在右前臂搬的过程中，右拳须同时同步旋腕外搬，搬翻至拳心向上，此谓搬拳与搬腕。这搬中

有搬、三搬齐发，是搬拦捶的核心；当搬至拳心向上，高与胸平的同时，左掌蓄势待收回。目视前方。（图76）

6. 转体前拦

承上，腰胯松沉，向右旋胯转体，带动左掌下落至左胯旁，再向前方用侧立掌拦出，掌心向右，掌缘着劲；同时，右拳螺旋形收回至右腰处，拳心此时转向下。目视左掌前方。（图77）

7. 左上步蓄势

承上，腰胯松沉，左脚乘势经右脚内侧向前一步，脚跟先着地，右拳蓄势打捶，上体中正，凝神前视。（图78）

图 76

图 77

图 78

8. 左弓步打捶

承上，腰胯松沉，带动重心松沉前进，左腿弓腿进身，带动右拳转腕做螺旋形向前方打出，此时拳眼向上，高与胸齐；同时左掌收至右前臂内侧。此时形成左弓步右打捶势，须弓步伸展松沉，上体中正，悬头垂尾，凝神前视。（图79）

图 79

（三）详注太极不老春养生心法

1. 气遍身躯不稍滞

在8个分解动作过程中，都要依照一般呼吸和拳势呼吸的规律进行调息，并且要以脐轮呼吸为中心进行调息，以求气遍全身，培本固元。

2. 搬中有搬有变通

上述分解动作之5，单从外形上看，似乎只有前臂弧形搬出，其实还有很重要的搬拳与搬腕（都要螺旋形搬去），合称为“三搬齐发”，才能马到成功。

三搬齐发，表明搬中有搬，变化莫测，可以向前搬，也可以向侧后方搬，还可变化别的招式，总之视对方来劲的情势而变，变则通，变则顺，变则成。

为着变通，必须放松，必须心静，才能心如明镜，才能知微而变，适时而变，变而通达。

此种体松心静，知微而变的拳法、心法，用之对抗，就能在瞬间化劲发劲，立取优势。用之于修心养生，则既能促使全身经络脏腑协调畅通，增强抗病能力与自愈力，确保健康；又能修炼心机，学会变通之道，以便事事顺利、身心健康。

3. 拦法有三做铺垫

按照“搬拦捶”的程序，搬之后便是拦。

上述分解动作之 6 的拦法，说的是向前拦。如果要进一步细分，又有搬与拦同时进行，还有一搬就拦，以及搬是为了打捶作铺垫等三种变化与用意。

就“拦”本身而言，又寓前拦、左拦、右拦等变化在内。这种变化莫测的变招换劲，又一次表明太极拳是唯变是适的拳术，它又一次要求我们要用“变则通”的心法指导练拳与练人。

在这里，仅分析拦的第三种变化，即“为打捶作铺垫”对于修身养性的启示。

铺垫，就是为打捶铺平道路、排除阻碍，保障打捶一击而中，也就是发挥“配角”的作用。在现实生活中，无论做什么事，都必须“主角”与“配角”密切联动，才能圆满成功。就人而言，主角毕竟是少数，不可能人人都是主角，而配角却是多数。所以甘愿当配角，尽心尽力做好配角，是练拳为人的一大要义。当然，如果身为主角，亦应与配角携手同进，才能成就一番事业。

4. 内气鼓动打整劲

搬拦捶一式，最后的成果是打捶。这打捶的内劲是太极整劲。当然，整劲是各招各式的共同要求，但就“搬拦捶”而言，又有它的特点。

特点之一，是打捶如螺旋形向前钻，即拳从腰间出发时，应一边旋腕一边行拳，如螺旋形钻物似的向前钻进，切忌直来直去。

特点之二，是整劲打出，包括形体的正身、内气的鼓荡，内外一体，整体推进而打出。

特点之三，打捶吐劲时，要松沉进身、尾闾坠劲、脚掌踏劲，三者合一，内劲才能一吐而出。

三者合一的核心是内外合一。如何合一？通常练功情况是以外引内，以内促外，而搬拦捶此时此刻的打捶，是以内促外，即以内气鼓荡来推进整体整劲打捶而出。

此时的内气鼓荡，主要是通过脐轮调息、丹田贯气、命门鼓动，来推动内劲由下而上、由肩而肘、由肘而拳，最后由拳面通出。并非只有拳头自身在打，而是由内气内劲促动周身一体整体推进打出的。

内气鼓荡用之于养生，其功用是不言而喻的。例如：脐轮调息和丹田贯气，就是深长轻柔的腹式呼吸，使脐轮所吸之气贯注丹田，久而久之就能加强肺的升降和肾的摄纳功能，并能使肾的先天元气与吸入的天地灵气交纳而合，化生为人体的真元之气，达到培本固元。

再如，命门鼓动，能使命门这个水火之宅发挥作用，使命门火足，脾土得温润，脏腑得滋养，水谷之物得运化，从而阳气得发，强体益脑。

“内气鼓荡”一词，出自王宗岳《太极拳论》：“气宜鼓荡，神宜内敛。”它是指气在体内流通的一种比喻，是与气血淤塞相对而言的，所以此说是对内气运行的一种描绘，并不是呼吸调息的方法。如果理解为呼吸的方法，那么行拳时就要大鼓大荡般地呼吸了，这显然是不适宜的。太极拳的呼吸调息，应当是心平气和、轻缓细绵地进行，才能发挥滋润、调理经络、脏腑的作用。

第十式　如封似闭

（一）题注

拳招取名“如封似闭”，寓意封门缉盗，即封拦对方来手，粘化其劲；好比封门缉盗的状态，而且封中有锁，锁闭来手，顺势按发，此乃防守反击之招。

“如封似闭”拳式各家太极拳都有，此处的“如封似闭”则源于孙式太极拳，再经编写人员的创意，与“42式”融为一体。

就修心养性而言，因其腰腿往来的幅度较大，两手封闭推按的内劲要整，所以对于运动腰胯，伸展两臂，畅通气血，助益多多，还能养气聚神，防止外邪入侵，维护心灵健康。

（二）增演动作过程

1. 穿掌剪手

承上，腰胯松沉，右拳松腕内旋，变拳为掌，掌心向下；同时左掌从右手腕底下向前穿出，与右手成剪刀状，又像斜十字封条，即封门缉盗状。此时，松肩垂肘，两臂环抱，十指斜向左右，身正前视。（图80）

图 80

2. 退圈闭锁

承上，随即重心后移，身法后退，同时吸脐、舒胸、松腰、坐胯、敛臀、坠尾，带动两手分开，须边分手边旋腕，掌心先转向上、随即转为两掌心相对；于是两手及两前臂微向上、再向后、向下划一弧形立圆，划弧至两掌立置于胸腹间。此为退圈，含闭锁之意。此时重心寄右腿，成左虚步，身正前视。（图81）

3. 松沉蓄劲

承上，随即腰胯继续松沉，尾闾继续下降寸许，带动两掌继续弧形下落至腹前，重心坐实右腿，左脚尖小翘，身正前视，蓄势即进。（图82）

图 81

图 82

4. 进圈前按

承上，随即悬头、正身、坠尾、坐胯塌腰，重心前移左腿，弓腿进身。同时，带动两手向前上方划弧按去，两掌的运行路线须走内弧线，此谓进圈。这一进圈，与上节的退圈线路合成为一个从上而下、再由下而上的椭圆形的纵向圆圈。进退之间不能丝毫停顿，应一气呵成。此时为左弓步、双按掌，两掌与肩同宽，腕高与肩平。立身中

正，凝神前视。（图83）

5. 跟步助势

承上，当上述弓腿进身、进圈前按之际，右脚应随势跟进，不能停顿，以助势双掌前按，跟进之后脚尖点地，与左脚相距约10厘米，成后右丁步。（图84）

这种进身跟步的练法，源于孙式太极拳的“逢进必跟”原则，颇具深意。

图 83

图 84

（三）详注太极不老春养生心法

1. 气遍身躯不稍滞

在动作过程中，每一分解动作，都要按照一般呼吸和拳势呼吸的规律行气练气，并以脐轮调息为中心进行，以达气遍全身，培本固元。

2. 退圈进圈通任督

在上述连绵不断地退圈与进圈的纵向划弧过程中，内气亦应同时同步运行一周，其行气线路总的是脐轮涌泉都吸呼。如何进行？如果细细分解可以分作以下 7 点：

①松沉退圈时，先脐轮吸气，吸至命门。

②松沉进圈之初，脚底涌泉穴吸气，上行与命门会合。

③弓腿进身前按时呼气（即下半圈），内气由命门而上，行至夹脊时一分为三，同时运行。

④左右两翼之气通向两肩、两肘、两腕，由掌心及手指通出，即所谓气形手指。

⑤中间一路内气行过夹脊，上百会，沿任脉而下，经脐轮、贯丹田、下关元。

⑥当弓腿前按的姿势即将完成、后脚开势跟进之际，内气从关元穴下沉至会阴穴。

⑦随着气沉会阴，尾闾同时松沉下坠。这内外一沉一坠之势，能推动两手前按之劲，锦上添花，做到气顺劲足拳势正。

虽然细分为 7 ，但行拳时不能停顿，应内外一致、一气呵成。

以上行气线路，基本上是小周天运行一周，加上涌泉吸气，因此退圈进圈的过程，是气遍全身的过程，尤其作用于任督两脉，因为进退之圈是纵向弧圈，较之平圈更易助于气行任督。

关于任脉督脉的功用，武侠小说曾大加神化，说一旦打通任督二脉，就能功力大增。其实，气通任督，虽然不能大增功力，却能大益于健康。因为人身布满经络，有十二正经与奇经八脉，两者的关系密切，好有一比。十二正经像江河，而奇经八脉则像水库，它可以调节十二经气，两者相互协调，维持着人体经络系统的正常运转，共同维护身心健康。

任脉循行于人体的前正中线，称为“阴脉之海”。它的行经线路与人体生殖系统相对应，其经脉上的穴位多数是强壮性功能的要穴，如关元穴、气海（丹田）穴，能调节性激素、促进性功能发达。丹田又与人的元气相通，是元阳之本，是人体生命动力的源泉。再如关元穴，是男子藏精、女子蓄血之处，是元气的关隘，并可使肾气活跃，补充肾气。再如神阙（肚脐眼），连着五脏六腑，有任、冲、带三脉通过，修炼神阙可调整全身，达到“阴平阳秘，精气乃活”，从而抗病强身。

至于督脉，主要循行于人体背后正中线及头部正中线上，有总督、督促的含义，其循行线路主要在背部，背为阳，督脉统率全身经络脉气，有“总督诸阳”“阳脉之海”之称。督脉的功能，主要有两点：

一是履行总督诸阳之责，并多次与手足三阳经以及阳维脉相交会，联系各阳经脉，调节全身阳经气血。

二是反映脑髓与肾的功能。督脉与脑、髓、肾关系密切，能反映它们的生理功能与病理变化。肾为先天之本，生殖系统疾病均与督脉有关。由于“脑为元神之府”，所以督脉与人的神智、精神状态密切相关。如果督脉异常，则人体易生疾病，如头风、头痛、头重、颈部发硬、头昏耳鸣眼花、腰背酸痛等病。因此，气通任督二脉，可以延缓衰老，活跃青春。

3. 进退得体喻人生

太极拳每一招式，都有退圈和进圈的形与意，不过有的明显，有的不明显，有的幅度大，有的幅度小。本式如封似闭的进退幅度大，也很明显，这在太极拳中比较典型。

在古典拳论中，有专论太极圈的文字，结合笔者体悟，愚以为进退得体是其核心。

就退圈而言，退不是逃跑。如若逃，太极拳的术语称作“丢”，逢丢必打（必然被人打）；退，也不是僵硬直退，如若僵硬，对方可乘机借力而被打。所以必须松沉退圈、随机而退。就是彼进一寸，我退一寸，不能多也不能少，若退得过多，就是逃，若退得滞泥，必授人以柄，所以要随势而退，恰如其分。

而“随”的前提是放松、柔和，从肩到臂到肘到手指，包括肌肉统统都要放松，松而才能粘黏，粘黏而后才能连随，才能退中有随，避免逃亡。

太极拳的退，并不是直线后退，而是退中有转。如此式的退圈在退到约三分之二时，就应腰胯松沉旋转，内含黏化拿引之意，此谓退中有转、转中有化，化就是进。

最重要的是退中寓进，也就是说，退是为了进。从这一点来说，太极拳是有进无退，退圈是为了进圈。所以练太极要确立以退为进的意念。

明确树立了这个意念，就能避免退圈与进圈之间出现间隙、滞凝等问题，把退与进联结为一，从而发挥优势，克敌制胜。

引而伸之，这进退得体，退中寓进的理念，也是我辈完善人生的要义。人生在世，于公于私，都不可避免地会遇到进退问题，若能进退得体，则善莫大焉。

第二段

第十一式　开合手

（一）题注

此式源于孙式太极拳。孙式太极拳十分重视太极拳的阴阳开合，故有开合太极拳的美誉。

孙禄堂说：“开者为阳，合者为阴；放伸动者为阳，吸缩静者为阴。开合像一气运阴阳，即一太极也。”又说：“学者能于开合动静相交处，悟彻本原，则可在各式圜环相合之中，得其所用矣。”（孙禄堂《太极拳学》）

（二）增演动作过程

1. 松沉转身

承上，随即腰胯松沉，重心后移右腿，向右旋胯转体，带动左脚跟、右脚掌依次向右碾转，转至面向正南，成高架小开立步微屈膝势；同时，带动两掌旋腕转掌收至胸前，成立掌状，两掌间距约10厘米，掌心和拇指相对，

指尖向上，松肩垂肘，形成松沉转身、两手立掌状。目光前视。（图85、图86）

2. 吸气开掌

承上，随即意想丹田吸气（不宜肺部吸气），意想由气推动两掌向左右徐徐开掌，开至两掌虎口与双肩内侧同宽，指尖略高于肩。此时须立身中正，悬头垂尾，凝神前视，意到气到，气到掌开。（图87）

图 85

图 86

图 87

3. 呼气合掌

承上，腰胯松沉，尾闾下坠，上体微下坐，神贯于顶，同时缓缓呼气，呼为合；所谓合，就是意想由呼气驱动两掌、两前臂向内缓缓合拢，合至两掌相距寸许。目视两掌中央前方。（图88）

图 88

【特注】孙禄堂在《太极拳学》中，将开手与合手分为两式，一名“开手学”，一名“合手学”，要求两手“如同抱着圆球似”的，“阴阳要得宜”。

（三）详注太极不老春养生心法

1. 气遍身躯不稍滞

在动作过程中，按照前述一般呼吸、拳势呼吸规律行气练气，并以脐息为中心进行调息，以达气遍身躯、培本固元。

2. 松柔开合抱气球

一开一合时，必须通体放松，特别要注意两掌、两臂及腰胯的放松，因为这些部位容易出现紧张。外开时，皮肤肌肉不但不能紧张、僵硬，反而要有松松柔和的感觉；内合时，要有松柔向内相合的感觉，绝不可硬开硬合。

更要意想开合时似乎内气在膨胀、收合，好像抱着一个气球似的，如孙禄堂所言："如同抱着圆球似的。"

3. 二气交感成中和

在两掌相向、尚未开合之时，意想两掌的劳宫穴遥遥相对，气蕴掌心。

开合时，意想阴阳二气、通过劳宫穴相互交流；左手为阳，右手为阴。合掌时，好像左右两缕气流各自射进对方劳宫穴；开掌时，又把对方气流从对方劳宫穴拉回自己穴内。

如此一开一合，使体内的阴阳二气逐渐相互交流而成和，初步融合为阴阳中和之气。

修阴阳中和之气，是太极拳之魂的三大要素之一。此处开合手仅是初步，若要深修，则须整体修炼，不仅把体内的阴阳二气交感而成和，而且还要与自然界的精灵之气内外交感，中和为一，并且循环往返，生生日新，不断优化，以培植元气，炼成真气，把隐藏于体内的潜能（体能、智能、意能、气能、灵能）开发出来，激发新的生命活力。

4. 两田相会旺命门

练习套路时，一开一合、一吸一呼即可（当然也可以开合二次三次）。如果把此开合势作为单独修炼的功法，则开合的次数可以逐渐增加，如一九、二九、三九等。当练到一定火候，即感到两掌掌心发热，产生吸力，感觉难以开合时，表明自身的内气逐渐增强了。此时可晋升一步修炼。

①自然呼吸。上述一开一合为自然呼吸。

②由自然呼吸转入脐轮呼吸。由意念引导，鼻吸时意想肚脐微微向内收敛；呼气时，意想脐轮微微散开。如此一吸一呼、一收一散，练至轻松舒坦、敛散自然时，则可再晋级一层。

③两田相会，就是前丹田与后丹田相通相会。道家修炼称肚脐为前丹田，称命门为后丹田。两田相会，就是意想内气由前丹田缓缓吸入，并毫不停止地吸至背后的命门穴；呼气时，由命门（后丹田）缓缓地送回脐轮（前丹田）。如此循环往复，即称两田相会。

命门乃人体生命之门也；两田相会就能促使命门饱满，生命之火旺盛。而且，命门两旁的左右两肾，属水，由于生命之火旺盛，就能促使水火相济，生发真气，进而激发青春活力。恒久修炼之，就能激发活力，促进青春不老。

5. 命门输气贯两臂

在两田相会的基础上再晋升一层（这是指把开合势作为单练功法修炼而言）。

当两田相会练至水火相济、生成真气时，就可以晋层修炼，其练法是：当由脐吸气至命门、将要呼气时，不是把气送往前丹田，而是改为呼气时意想内气由命门缘脊而上，过夹脊，贯两臂，敷两掌，透掌心，通手指。如此练之日久功深，便能命门输气贯两臂，气盈劲足，于积聚内劲、于养生不老春，都能起重要作用。

6. 全脚放松乃根本

太极拳拳论在谈到发劲时指出：“其根在脚。”这是说练好太极拳的根本在于脚下功夫的修炼。这“开合手”，看似仅仅两手在一开一合，其实功夫在脚下。如何修炼？主要是全脚放松，包括脚趾、脚掌、脚面及踝关节全部要放松。从太极起势起到收势止，式式都要全脚放松，而“开合势”这一式，由于讲的是“手”，容易忽略脚下功夫，特予提醒。其练法、心法可参阅第一式“太极起势”心法。

第十二式　右单鞭

（一）题注

此右单鞭与前述第三式的左单鞭不同，前者源于杨式太极，而此式则与孙式太极的单鞭相似，唯左右不同。孙式太极的拳架编排，也是在开手、合手之后紧接着单鞭，两者异曲同工。

就抗老葆青功能来说，右单鞭是太极拳中典型的能发挥“抻筋舒骨”作用的拳式。

（二）增演动作过程

1. 开步蓄势

承上，腰胯松沉，微右转，带动上体稍向右转，重心移寄左腿，右腿轻松提膝，右脚向右侧方横开一步，先脚跟着地。此时上体中正，两臂内旋，两掌虎口相对。目视右掌，蓄势待发。（图89）

2. 滚臂开掌

承上，随即腰胯带动躯体松沉，重心移向右腿，成右侧弓步（横裆步）；同时，带动两臂两掌上升过头部，随即一边翻滚圆转、旋腕翻掌，一边向左右两侧展臂开掌，其展臂开掌的态势“如捋长竿，往左右徐徐分开到极处，两手心向外，手掌直立，手指与眼齐平”（孙禄堂语）。此时气撑两掌，两臂呈弧形。目视左掌，神舒体松。（图90）

图 89

图 90

【特注】在滚臂开掌过程中，要注意三位一体，即转移重心、松沉进身、滚臂开掌，要同时发动、同步到位、三位一体、一气呵成，中间不能丝毫停顿断续，才能形成开鞭挥击之势。而且，在定势时还要注意“外三合”：即肩与胯合、肘与膝合、掌与足合，更要注意悬头垂尾，中正安舒，意气昂扬，凝神蓄劲。

（三）详注太极不老春养生心法

1. 气遍身躯不稍滞

一招一式动作过程中，要依照前述调息法行气练气，以便逐渐培本固元，抗老葆青。

2. 脐轮吸呼和周身

从开步蓄势、滚臂开掌的三位一体的单鞭定势，其行气过程是一吸一呼，即紧接上式开合手的定势“呼”，在开步、开掌时为吸（较长的吸），及至两掌开至将要三位一体定势时为呼；在此呼气时，既要意想气贯两臂两掌，又要意想气注前后丹田、润和周身。

3. 抻筋舒骨保长寿

近年来曾有“拉筋治百病”“筋长一寸，寿增十年”的流传。此话虽有夸大之嫌，但“拉筋”确实有益健康，筋长则寿长，筋缩则寿短。此话是否属实，只要看一看常见的生活现象就能得到印证，例如人的身高，为何年轻时较高，年老了就慢慢萎缩矮下去了，这就是“筋长则高，劲靡则萎”的缘故。再举个不祥的例子：不少人的尸体为何比活着时缩短缩小许多？这些现象都和筋骨的生长与萎缩有关。

所以笔者在拙著《古易筋经新注汇粹》中说："筋为联络形骸之物"，所谓"形骸"泛指身体四肢、骨骼、肌肉及经络，所以"筋缩则亡、筋弱则衰、筋壮则强、筋舒则长、筋和则康"。

就太极拳来说，同样有拉筋的养生功能，不过笔者不称之"拉筋"，而称作"抻筋舒骨"。因为"拉"是外力的牵引，而"抻"是自身内劲的抻开、抻长、抻展。虽然以往先贤的拳论中未见直接抻筋舒骨的字样，但确有类似的示意。例如太极拳有句名言，"伸开我劲不使屈"，此话在以往的教学中，都是从技击功能的内劲发放而说的，但笔者在长期的体验中，深感此处的"劲"，暗藏着"筋"的含义；或者说可能是一字二义。试想内劲发放时，如果筋骨萎缩，内劲如何能"如的放矢"的发出呢？所以笔者认为，此句说的"劲"与"筋"同义。而且随着时代的延伸，笔者日益开悟到"伸开我劲（筋）不使屈"，确实是太极养生功能的一项要题。

记得初学太极时，先师杨奎山曾说，打太极能使手臂伸长。起初，我们觉得很神奇，后经自身不断修炼悟道，终于悟到了窍门，其秘诀在于"真正的、完全的放松"。就是从头到脚、从内到外、四肢百骸、五脏六腑、大小关节、肌肉皮肤、各条筋及经络等等，全方位的整体放松，尤其是大脑的放松。所谓手臂的伸长，就是这整体放松效应促使关节、筋骼延伸的结果。因此余名之为"抻筋舒骨"。

那么，一招一式中如何做到“抻筋舒骨”呢？不难，就以此“右单鞭”式为例说明。

当上述动作过程“三位一体、气贯前后丹田”时，应从上、中、下三处齐修炼。

上肢，要意想：①双肩放松并微沉，切忌耸肩。②两处肘关节松开，并含上伸之意。③手腕、手指、掌根都节节外松，十指朝上，掌心朝外，含外撑之意。④两臂呈圆弧形外撑之意。

下肢，在右横裆步（侧弓步）按“外三合”要求站定之时，应做到尾闾中正神贯顶，保持上下中及中心线正中态势，不得有丝毫歪斜之象，并要“悬头垂尾”，躯干似有拔长之意；双脚踏实，涌泉穴似有入地之感。

中部，腰胯是承上启下的关键性枢纽，上肢下肢的修炼要求能否发挥作用，都与中部的修为有关，特别是能否两胯松沉，并松腰圆裆，直接影响全局。

全局态势，上述上中下三部修炼到位、节节伸开之后的态势应是：两臂左右圆撑，两掌上伸，腰胯松沉，尾闾下垂，足踩涌泉，聚精会神，目视左方，蓄势待变。练之日久，就能产生“抻筋舒骨”的感觉和效果。

这“右单鞭”一式，是修炼“抻筋舒骨”的较有典型性的一个拳式，可以作为单练功法修炼。若作单练，每次应计数，至少练一个九数，逐步练至九九之数。笔者久练此功，得益多多。

第十三式　肘底捶

（一）题注：

“肘底捶”这一招式，杨、陈、武、吴、孙各家套路中都有此式，不过，名称有同有异。吴式称“肘底看捶”、孙式名“肘下看捶”。又与前山东国术馆的《太极拳讲义》中的“肘底捶”相似。

但是“42式”中的这一式“肘底捶”，其过渡动作丰富多彩，耐人寻味。如果按照要领练熟了，就能身随步转、两臂挥舞、上下翻飞、轻灵飘洒，及至肘底打捶定势，气势不凡，对修炼内劲和修养心性，大有裨益。应该说，这是编写人员的创意。

（二）增演动作过程

1. 移重双划弧

承上势，腰胯松沉向左旋转，重心左移成左侧弓步。同时，带动双臂划弧，右前臂内旋、带动手腕内旋划弧至掌心向上，置于右肩前；左掌乘右臂划弧之势，向左下划弧至左侧，掌心向下。目视前方。（图91）

2. 收脚右抱球

承上势，腰胯松沉，上体向右回转，带动重心移向右腿，乘移重之势，左脚收回至右脚内侧，足尖自然下垂

（不着地），成虚丁步。

在收脚的同时，两掌两臂协同划弧翻转，右掌内旋转至掌心向下，右臂屈收至胸前；左掌掌心翻转向上，经腹前向下划弧，与右掌上下相对，成“右抱球”，面向南。此时成左丁步、右抱球状，上体中正，头项松正，虚实分明，松肩垂肘，凝神前视，蓄势即发。（图92）

3. 摆步左划弧

承上，腰胯松沉左旋，带动上体向左转，同时提起左脚，向左前方摆步，脚跟着地，脚尖外撇；同时，左掌向上、向左划弧，与右前臂在胸前上下交错而过，左掌心斜向上，划至左侧前方，高与头齐；右掌经胸前与左掌交错而过向右、向下划弧至右胯旁，掌心向下、坐腕。目视左掌前方。（图93）

图 91

图 92

图 93

4. 跟步右划弧

承上，腰胯松沉，继续向左旋转，重心前移左脚，右脚提起跟进，落在左脚内侧斜后方，两脚距离约两掌宽，此时重心仍寄左脚；同时，右臂边旋腕翻掌边向上、向前划弧至体前右侧上方，高与头齐，掌心斜向上；左掌内旋，掌心转向下，左臂向左、向下划弧至左胯旁。此时上体中正，左实右虚，右掌在上在前，左掌在下在后。目视前方。（图94）

5. 左进步蓄势

承上，腰胯松沉，重心移向右腿，右脚踏实，右腿微屈膝，松腰落胯；同时，左脚提起向前进步，脚跟轻落地，脚尖自然上翘，成左虚步。

同时，右掌从上而下划弧至小腹前，掌心向下；左掌旋腕翻掌至掌心向上，置于右掌上，两掌上下相距15厘米左右。凝神前视，蓄势待发。（图95）

图 94

图 95

6. 穿掌肘底捶

承上，腰胯松沉，左掌由下而上向前弧形穿掌，边穿掌边旋腕，穿至与眉同高时，成侧立掌状，随即向前下方劈掌。

在左手穿劈的同时，右手变掌为拳（拳眼向上），从左肘下打出；同时松腰落胯，右腿微屈，重心寄右腿，成左虚步肘底捶势。此时须上体中正，内外三合，目视前方。（图96）

图 96

（三）详注太极不老春养生心法

1. 气遍身躯不稍滞

在一招一式中依照前述调息法行气练气，培本固元。

2. 轻灵飘逸舒心胸

上述动作过程1～5，乃至 6，是一个连绵不断的整体性过程，不能有丝毫停顿。待熟练后，应做到左右两掌连续划弧、上下翻飞、身随步转、轻灵飘逸，形成松柔和谐之美，能自感心旷神怡，旁观者也赏心悦目。

3. 步法轻盈青春脚

此式的轻盈飘逸，是由身、眼、手、步、腰诸法合成的，其中步法就有四变，即丁步、摆步、跟步、进步四法，步法必须轻灵得当，才能身随步转，轻灵飘逸。

脚下功夫是太极拳的根本功夫。太极拳虽然名为拳，实际上要从脚下功夫练起，所以太极先贤提出“其根在脚”的命题，要求把“脚”作为根本功夫修炼，以便练成“太极脚”。

修炼太极脚下功夫，对养生、对促进生命活动健壮发展，具有特别重要意义。

因为脚是人体生命活动的器官，五脏六腑在脚底都有相应的反射区，是人体全部器官的缩影，并与人体各类系统也有密切联系。

仅以小小的脚趾来说，人体十二经脉中也有它的反射区位：即肝经、脾经的井位在踇趾；胆经反射区在第四趾；胃反射区在第二与第三趾间。所以说脚是五脏六腑的缩影。

再从血液循环而言，血液从心脏输出，以达身体末端梢节（在上为指尖，在下为脚趾尖）。但是，脚趾平时很少有活动机会，血液循环的功能较差，因此难以把血液畅通地输送到脚趾末梢。所以医者认为脚不仅是五脏六腑的缩影，而且又是“人体的第二心脏”。

由此可见，太极拳修炼脚下功夫，能刺激疏通脚部的经络运行，从而由脚而腿、而腰地完整一气，促进全身血液循环，提高肝脾肠胃功能，进而增强抗衰老潜力，开发青春活力。所以笔者认为“千里之行始于足下，青春之路起自脚底”。

4. 穿掌打捶丹田出

本式增演动作过程第6动，其左掌穿劈与肘底右打捶，手从何处出发、内劲从何而来？回答是：手从丹田处出发，劲自丹田而生。

其心法的运用是：手，似乎不是长在自己的上体，而是生于下丹田。在腰胯转动时，两手是被丹田之气激发而出的，并不是左掌独自上穿、右掌独自打出的。

若要做到这样，必须周身放松、旋胯转体、丹田内转，方能奏效。

“手从丹田出”这一内功心法，可广泛应用于各招各式，此心法源于武当丹派不传之秘，经笔者数十年体悟，提炼成这一用语。今用之于养生亦大有裨益。

第十四式 转身推掌（二）

（一）题注

此式源自孙式的转身推掌，其特点是灵活转身，逢进必跟，即在转身进步推掌的同时，后脚必是跟进。

其进步推掌的过程，宛似“搂膝拗步”拳招，不同之处在于推掌的同时必须跟步。

笔者体会，如果与直行的左右搂膝拗步相比，此式的优点，在于前后左右转身灵活，可使练习者增强“松静转身应万物”“松沉吐劲舒筋骨”，大益于养生不老春。

（二）增演动作过程

1. 左退步展臂

承上，腰胯松沉，轻提左脚往后退至右脚侧后方约10厘米，由脚前掌着地，重心寄右腿。

与此同时，两手同步运作：右拳变掌，向右侧划弧而上，高与肩平，掌心斜向上；左前臂划弧而下，落于右胸前，掌心向下，目视右掌。此时立身中正，右实左虚，蓄势待变。（图97）

图 97

2. 碾脚左转身

承上，腰胯松沉，重心仍寄右腿，乘腰胯松沉向左旋转之势，同时以右脚跟和左脚掌为轴，向左转身约90°。

在转身的同时，两手同时动作，右臂稍微屈收，使右前臂斜立；左手稍下落于腹前。此时重心仍寄右腿，目视前方。（图98）

3. 左上步屈臂

承上，腰胯松沉，左脚向左前方松沉上步，脚跟着地；同时，右掌收至右耳旁，掌心斜向前；左掌微向左划弧至左腹前。此时重心仍寄右腿，中正前视，蓄势待进。（图99）

图 98

图 99

4. 右推掌跟步

承上，腰胯松沉，重心前移左腿，同时向左转身至正前方，两肩松顺，带动右掌经耳旁、一边转腕一边向前方推掌，掌心斜向前，松肩垂肘，指尖与鼻尖同高；左掌由腹前搂膝而过，落于左胯前。

在右推掌、左搂膝的同时，带动右脚收回至左脚后方，右脚掌着地，成右丁步。目视前方，立身中正，凝神前视。（图100）

5. 碾脚右转身

承上，重心略后移右腿，腰胯松沉右转，同时左脚以脚跟为轴、右脚以脚掌为轴，向右转身约90°，重心移左腿。

与此同时，两手同时动作，左臂外旋向左前方外旋上举；右掌划弧下落至左胸前。目视左掌前方，立身中正。（图101）

6. 右上步屈臂

承上，腰胯松沉，右脚向右前方上步，脚跟先着地；同时左臂屈收，左前臂斜立，左掌收至左耳旁，掌心斜向内；右掌下落至腹前。目视前方，立身中正，蓄势待进。（图102）

图 100

图 101

图 102

7. 左推掌跟步

承上，重心前移右腿，同时向右转身至正前方，两肩松顺，带动左掌经耳旁向前推掌，掌心斜向前，松肩垂肘，指尖与鼻齐高；同时，右掌由腹前搂膝而过，按于右胯前。

在推掌搂膝的同时，带动左脚跟步收回至右脚后方，脚掌着地，成左丁步。此时立身中正，凝神前视。（图103）

图 103

（三）详注太极不老春养生心法

1. 气遍身躯不稍滞

依照前述行气法练气，培本固元。

2. 松静转身应万物

此式拳名“转身推掌”，贵在“转身”得法。其法则在于松、静、沉、坠、转五法，即在退步转身、上步推掌和退步进身全过程中，要注意做到全身一松、心中一静、腰胯一沉、尾闾一坠、沉而一转，才能推掌奏效。

当然，太极拳本应式式松、静、沉、转、坠，而此式由于退步转身等特点，显得松、静、沉、转等要领更为重要。从拳术使用角度来说，这是转身推掌之退中寓进、化发合一的拳式，因为松能应物，静能生慧，一松一静便劲气合一；从养生角度说，由于松能畅通全身、静能激发活力，故能平衡全身脏腑，通顺经脉，调节新陈代谢，有利于控制“三高”，促进全身和谐。

3. 松沉吐劲舒筋骨

当上述松、静、沉、转，即将完成转身推掌的一发之际，命门向下微微一沉、尾闾下坠、脚掌踏劲，内气由下而上通于两臂，从掌心、手指吐出，气到劲到，此乃松静吐劲之法。

这是太极内功心法的重要一法，用之于养生，则能抻筋舒骨。因为松沉吐劲必须伸开我筋（劲）不使屈，才能把内劲顺利地发出去，达到发劲与抻筋同时奏效；也可以说，发劲是抻筋的结果，抻筋是发劲的条件，明白了抻筋与发劲的相互关系，就能使内功心法与养生心法融合为一，同时收效。

第十五式　玉女穿梭（二）

（一）题注

“玉女穿梭”这一拳招，在一些传统太极拳里都是四角穿梭，即四隅穿梭，而在此“42式”中只有两角（西北、西南）。虽然少了两隅，但只要练得成熟，同样能发挥作用。

太极拳的“玉女穿梭”，与外家拳的“弓步架打”，在定势亮相时，外形动作很相似，但是在拳法和内劲的运行上有显著的差别，主要区别在于太极用的滚臂穿化掌，边穿化边进发，而外家的弓步架打，只是一手向上架挡，一手进击，没有穿化。习练时要注意这一区别。

（二）增演动作过程

右式

1. 左移步抱球

承上，腰胯松沉，重心寄右腿，左脚向左旁移半步，重心仍寄右腿；同时，左手向右划至右腹前，掌心转向上；右手划弧至胸前，掌心向下，手腕高度与肩平，成右抱球状，上体中正。目视前方。（图104）

图 104

2. 转身旋足划弧

承上势，腰胯松沉，向右旋胯转体，转向右侧（偏西北）；带动左脚掌内旋及右脚掌外旋，重心仍寄右腿。

同时，右手自右向左、向前划弧前探至体前，掌心向下；左手随之微转，仍寄右腹前。中正前视。（图105）

3. 右收脚左捋

承上，腰胯松沉，重心后移左腿，右脚乘势收回至左脚内侧，脚尖点地；同时，两掌自前方向下、向左、向后捋，左掌捋至左胯旁，右掌捋至腹前，悬头垂尾。目视前方。（图106）

4. 右上步搭手

承上，腰胯松沉，右脚向前方（偏西北）上步，脚跟先着地，重心仍寄左腿；同时，两掌划小弧而上，左掌掌心向外、搭于右腕内侧；右掌心向内，两掌会合于胸前，做势欲前。目视前方。（图107）

图 105

图 106

图 107

5. 左跟步进身

承上，腰胯松沉，重心前移右腿，身法随之进身，一边进身一边微微右移；同时，右掌随进身向前一边挤一边划弧向前，掌心转向上，置于身前方；左掌随之转动。

在进身划弧的同时，左脚随着跟进至右脚内侧后方，前脚掌着地。目视前方。（图108）

6. 右上步蓄势

承上，腰胯松沉，重心后移左腿，右脚再向前方上一步，脚跟着地；同时，向右旋胯转体，带动右掌向前、向右、向后再向左划一平弧，掌心向下，置于体前；左掌随着右掌运行而划小弧收于左侧，掌心向上。目视前方，此时面向偏西北，立身中正，蓄势即进。（图109）

图 108

图 109

7. 右弓步穿梭

承上，腰胯松沉，重心前移右腿，并转身至面向西北，成右弓步；与此同时，随着弓腿进身，右掌翻转掌心向上，随即手指领劲，向上穿掌，一边上穿一边旋腕滚臂，穿化至右额上方，整条右臂呈半月形。

在右手穿化的同时，左手一边旋腕翻掌、一边向前按掌至体前，掌心斜向前。目视前方。（图110）

此时呈右弓步，面向西北隅的玉女穿梭势，斯时须立身中正，内外三合，精神贯注。

左式

8. 后坐双划弧

上承右弓步玉女穿梭，腰胯松沉，重心后移左腿，向左旋胯转体，带动右脚尖内扣；同时，两臂两掌随着转体同步划弧，右前臂外旋，右掌旋腕翻掌至掌心向上，暂置于体前；左掌向右、向上、向左划一半弧圈后收至于右肘内侧，掌心斜向下。目视右掌前方。（图111）

图 110

图 111

9. 转身双抹掌

承上，重心前移右腿，右脚落实，上体继续向左旋胯转体，带动两掌继续划弧。

左掌从右前臂上穿出，边穿边划弧抹掌；右掌同时划弧收于左肘内侧，掌心向上，左掌掌心向下，前后斜相对。此时成高架右侧弓步斜抹掌势。目视左掌，立身中正。（图112）

10. 右捋左收脚

承上，腰胯松沉，向右侧旋胯转体，带动两掌同时向右、向下后捋，右掌捋至右胯附近、左掌捋至上腹前。

与此同时，带动左脚收回至右脚内侧。目视前方，立身中正，蓄势待进。（图113）

图 112

图 113

11. 左上步搭手

承上，腰胯松沉，左脚提起向左前方上一步，脚跟轻落地；同时，两臂松肘，以肘为轴，驱动两前臂向下、向右、向上、向前划一小弧圈，两掌搭手合于胸前，右掌心粘附于左手腕内侧，左掌心向内。

此时成高架左虚步搭手势。目视前方，立身中正。（图114）

12. 右跟步进身

承上，腰胯松沉，向左旋胯转体，重心前移左腿；带动右脚轻提跟进、跟至左脚后侧，右脚掌轻着地；同时，左掌随进身向前挤、一边挤一边划弧向前，掌心向上，置于身前方；右掌随之转动。目视左掌前方。（图115）

13. 左上步蓄势

承上，腰胯松沉，重心后移右腿，左脚再向前上一步，脚跟先着地；同时，向左旋胯转体带动左掌向左、向后再向左划一平弧，置于体前，掌心向上；右掌随着左掌运行而划小弧收于右侧，掌心向上。此时面向偏西南，立身中正，蓄势即进。（图116）

图 114

图 115

图 116

14. 左弓步穿梭

承上，腰胯松沉，重心前移左腿，并转身至西南方向，成左弓步；与此同时，随着弓腿进身，左掌翻转掌心向上，随即手指领劲向上穿掌，一边上穿、一边旋腕滚臂，穿化至额前上方时整条左臂成半月形。

在左手穿化时，右手一边旋腕翻掌，一边向前按掌至体前，掌心斜向前。目视前方。（图117）

此时成左弓步面向西南隅玉女穿梭势，斯时须立身中正，内外三合，精神贯注。

图 117

（三）详注太极不老春养生心法

1. 气遍身躯不稍滞

一招一式，均依照前述行气法进行练气，培本固元。

2. 刻刻留心在脐息

脐轮调息，是内丹太极拳修炼阴阳中和之气的必由之路。道家有句名言："常守肚脐，寿与天齐。"日常生活中如能经常想到肚脐、或者留意一下肚脐，就能健康长寿，如能进一步深修，就能"寿与天齐"。

脐窝呼吸是太极脐息法的第一步，比较容易做到，只要在行动走架过程中留意脐窝、似乎脐窝在呼吸，就可以了。练之日久就能脐窝呼吸了。

此式玉女穿梭，由于分解动作较多，更要留心脐息。当然，开初可能顾不过来，但只要有心练此脐息，日久必成。

3. 螺旋滚臂穿化掌

此式的亮相动作，与外家拳的"弓步架打"相似。但是，如果仅仅是"弓步架打"，那就算不上是太极拳了。

太极的"玉女穿梭"有自身的特色，其中一个主要特色，就是运用"螺旋滚臂穿化掌"。这对于自卫防身和养生保健，都有良好作用。

假如对方从上往下击我，不是用手臂直接上架（那样就犯了顶抗之病），应上右步（或先左步、再上右步），出右手，前臂须弧形上穿接劲，并迅速右腕外旋、转腕滚臂，在滚臂上穿中轻松地把来力卸向外侧；与此同时，左手腕内旋，边旋腕边滚臂，用螺旋劲向前穿掌反击，这就是"螺旋滚臂穿化掌"的运行，形成右弓步穿梭势。

然而，滚臂螺旋穿化不仅仅是两条手臂的事，而应贯穿于"玉女穿梭"的全过程，即每一个分解动作都应修炼得法，尤其是要以腰胯旋转及松沉进身为原动，以松静行气为要道，以此驱动滚臂穿梭，才能圆满成功。

而这一全过程，是以意行气，脐轮调息，气遍全身，血脉和顺，温养双肾的过程，对内功、对养生葆春均有良好作用。

4. 左顾右盼练眼神

进、退、顾、盼、中定，是太极拳对身法的五项基本要求，属于太极十三势中的“五行”，应贯彻于每一招式之中。而“玉女穿梭”这一式，由于身法、步法多变，对“五行”的要求更高，尤其是对“眼神”的要求，不能有丝毫的疏忽。

所谓顾盼，是指练拳时目光的顾盼，即眼神的视向，向左视为顾，向右看为盼，即左顾右盼。而“眼神”是双目之光与神意之光的合称，它能反映一个人的精神状态是否振作、是否有神，也能反映练拳者的拳术功夫深浅。一个人双目炯炯有神或是眼神暗淡无光，表示出两种截然相反的内在神态。因此，训练眼神之顾、盼，不仅仅是太极身法的总体要求，更是太极养生心法中修炼眼神的必经之路。

但是在行拳过程中，手势有高有低、有上有下、有远有近，如果呆板理解“眼看手”，就会“仰头看高、低头看下”，以致产生低头哈腰、摇头晃脑的弊病。所以笔者将“眼看手”的动作说明改为“目视前方”或“目视左手（右手）前方”、或“凝神前视”，以便修炼“顾、盼”的真谛。

第十六式　右左蹬脚

（一）题注：

右左蹬脚是各家太极拳的常见招式，各有各的练法。

从太极养生功能来说，笔者体会此式主要锻炼自身的平衡及中和能力，演练时要气布全身，周身协调，单腿稳定，手足齐发，以便开掌合气神贯顶，中正平衡不会跌。

（二）增演动作过程

右式

1. 右转身扬掌

承上势，腰胯松沉，重心后移右腿，上体旋胯右转、带动左脚尖内扣；同时，左前臂向外滚转翻动，翻落至左掌心向上，置于体前，高与肩平；右掌向左并向右划弧半圈，暂置左肘内侧，掌心向下。目视左掌前方。（图118）

图 118

2. 左移重磨掌

承上势不停，腰胯松沉，立即重心前移左腿，同时上体旋胯左转，带动两掌划弧磨圈。

右掌从左肘内侧向左前臂上方弧圈穿出；同时，左掌向下、微向右再向左划一小弧置于左腰前，目光随之前视，此时成高架左侧弓步右磨掌势。（图119）

【注意】两掌弧形摩圈，须同时进行，并须在胸前交叉划弧而过，中途不能停顿（下同）。

3. 左封门收脚

承上不停，腰胯松沉，上体微右转重心移寄左腿，右脚乘势收回至左脚内侧，前脚掌点地，右膝微提起。

此时两掌同时划弧，右掌向下、向左、向上划一弧形，左掌向左、向上、向右划弧，两掌划弧在胸前交叉会合，手腕交叠合抱于胸前，右掌在外、左掌在内，掌心均向内，此势称为合掌封门（十字封门）。神光前视。（图120）

图 119

图 120

【注意】此处的“右脚收回至左脚内侧”一法，待练之日久功深，可加练勾腿一法，即右脚收回时，不是直线收回，而是向内勾圈，再落地。此法具有一定的攻防性。

4. 右提膝蓄势

承上势，腰胯松沉，左腿微屈，重心全寄左腿站稳，右腿乘势松膝提起，小腿自然下垂，足踝放松、足尖下垂；同时，双掌合抱于胸前，外形姿势不变，内在意想蓄势即出；此时悬头垂尾神贯顶，目视前方。（图121）

图 121

5. 展掌右蹬脚

承上势，腰胯松沉，左腿微屈独立站稳，并沉气沉身，稳定中心；紧接着右腿胯根松开，大腿提起，膝高于腹部，右脚脚尖上勾（脚跟尽可能高过腰部）、脚掌向右前方（西北向）缓缓蹬出。

在蹬脚的同时，两掌手腕外旋，掌心向外，各自向左、向右做扇形似的向前、向下分别展开，掌心斜向外，坐腕立掌；右掌在身前，与右脚同一方向，上下相应；左掌在身后，与右掌前后呼应；两臂伸展，两肘微屈。悬头垂尾，目视右掌前方。（图122）

左式

6. 右收脚合手

承上势，腰胯松沉，左腿屈膝、右脚乘势收回向前方松沉落地，脚跟着地。

与此同时，两臂同时运行，右手旋腕滚臂、右掌心转向上，稍向左划移；左手弧形下落，经腰间向前、向上划弧至右肘内侧，左掌心向下，成两掌前后相合呼应势。目视右掌前方。（图123）

图 122

图 123

7. 右移重摩掌

承上，腰胯松沉，上体旋胯微左转，带动右脚微内扣，重心移向右腿踏实；同时，带动两掌一起划弧磨圈，左掌从右肘内侧弧形向上、向左磨穿展开，掌心仍向下；右掌向下划弧收至右腰侧，掌心向上，此时成高架侧弓步左扬掌势。目视左掌前方。（图124）

8. 右封门收脚

承上不停，腰胯松沉，上体微左转，重心移寄右腿，左脚乘势收回至右脚里侧，前脚掌粘地，左膝微微提起。

此时两掌同时划弧运作，左掌向下、向右、向上划一弧形，右掌向上、向左划弧，两掌在胸前交叉会合，手腕在胸前交叠合抱，左掌在外、右掌在内，掌心均向内，此势称为合掌封门（十字封门）。神光前视。（图125）

9. 左提膝蓄势

承上，腰胯松沉，右腿微屈，重心全寄右腿站稳，左腿乘势松膝提起，小腿自然垂落，足踝放松，足尖自然下垂。

此时，交叠合抱于胸前的双掌稍向两侧分开，掌心均向里，内在意想蓄势欲出。此时悬头垂尾神贯顶，双目前视。（图126）

图 124

图 125

图 126

10. 展掌左蹬脚

承上势不停，腰胯松沉，右腿微屈独立站稳，并沉气沉身，稳定中心；紧接着左腿胯根松开，大腿提起，膝高于腹部，左脚尖上勾（脚高尽可能高于膝腰部），脚掌向前（西南方）缓缓蹬出。

在左蹬脚的同时，两掌手腕外旋，掌心向外，各自向左右做扇形似的向前、向下弧形分头展开，掌心斜向外，坐腕立掌；左掌在前，与左脚同一方向，上下相应；右掌在后，与左掌前后呼应；两臂伸展，两肘微屈。悬头垂尾，目视左掌前方。（图127）

图 127

（三）详注太极不老春养生心法

1. 气遍身躯不稍滞

一招一式中，都要依照前述行气法练气，培本固元。

2. 守住中土稳如山

此右左蹬脚，以及以下的独立打虎、右分脚、左分脚、转身拍脚和金鸡独立等招式，都是在单腿独立态势下完成的动作，都要做到独立之腿稳如泰山，才能蹬踢得巧，打得妙，养生好。

若要独立稳定，必须身正气沉。

身正，就要悬头垂尾，守住中土。何谓中土？中土就是中定，即太极十三势中的五行步法之一。上式“玉女穿梭”中已曾谈到“五行”，那是就眼神的顾盼而说的，此处说五行是就中定而言的。五行者，就是进步（属火）、退步（水）、左顾（木）、右盼（金）、中定（属土）。

笔者体悟，进退为水火之步，顾盼为金木之步，中定为枢机之土，无论太极拳何招何式，都要必须练好“中土”、发挥枢机作用，才能练成怀藏八卦（太极八劲）、脚踩五行，呈现一派太极风范。因此，练好中定及五行，既是练好单腿独立招式的首要，又是练好太极拳的入门功夫，更是发挥太极养生功能、克服“人未老腿脚先老”的通病，让青春之路始于足下。

3. 封住三前顾七星

此式动作过程中的右封门和左封门，要内含三种劲意以及做到“封住三前顾七星”。

在两手划弧交错十字封门时，划弧的弧圈之中要含采、捋、掤三种意劲，即两手分开划弧时交错为采、挒之劲，向上交错时为掤。这其中的关键在于放松及粘随，尤其要注意松肩垂肘（切忌耸肩横肘）、气贯两臂、皮肤松柔、柔中寓掤，才能达到“封住三前顾七星”。

所谓“三前”，就是手前、足前、眼前。

所谓“七星”，就是肩、肘、膝、胯、头、手、足。

“顾七星”，就是在封门时要留意顾盼这七个部位，不能有丝毫疏忽。

封三前、顾七星，是精、气、神、眼的内在修炼，于养生大有裨益。

第十七式 掩手肱捶

（一）题注：

此式掩手肱捶，源于陈式太极拳，是陈式套路一路、二路中反复多次出现的拳式，在陈式一路中出现4次，在二路中出现6次，其原意是通过卷放、开合、缠丝等过程，反复训练“蓄劲如开弓”的内劲之意。

今“42式”编者把它列入“42式”竞赛套路之中，既有发扬传统之意，又有统一于竞赛规范，便于评分之目的。

现在把太极拳养生心法增注其中，则更具时代新意。

（二）增演动作过程

1. 收脚掩掌

接上势不停，左膝放松弯曲，左小腿轻松收拢，随即左脚落于右脚内侧，前脚掌轻轻下落粘地，后脚跟微微虚提。

在左脚收落的同时，两掌边内旋、边收合、边掩手于身前，两掌心向内，置于脸前，约与头同宽。目视前方。（图128）

2. 擦步压掌

上势不停，左脚跟着地为实，左脚掌变实为虚，以左脚跟擦（搓）地向左开步，左腿为虚，右腿为实，成右横裆步。

在左脚擦地开步的同时，上体中正，松腰开胯，臀部下坠，微微下沉，坐实右腿。

同时，两臂内旋，肘尖下垂，缓缓下落至胸前时，即行两掌相叠（左掌粘压在右掌上），继续下落按至小腹前，掌心均向下。此时悬头垂尾，目视前方。（图129）

图 128

图 129

3. 开掌展臂

上势不停，两掌向两侧缓缓分开，掌心斜向外，随即两掌以指领腕，以腕领臂，促动两臂向两侧并向上缓缓展开提起，两臂不宜伸直，须松肩垂肘，两臂展开的幅度以外三合为准，形成左右平衡。

此时重心在两腿中间，上体中正，凝神前视，蓄势待变下势。（图130）

4. 捲缠蓄势

上势不停，松腰开胯，促动上体微右转，并微松沉，重心略移右腿；同时，促动两腕外翻，两臂外旋，肘内合，左掌掌心向上，缠收到体前左方，高度略低于肩；右掌变拳，边旋腕缠绕、边向身旁收回，屈臂垂肘，置于右腰前，拳心向上。目视前方。（图131）

图 130

图 131

5. 螺旋打捶

上势不停，继续松腰开胯，微微向下松沉，随即迅速向左旋胯转体，重心瞬间移向左腿（成左弓步）。

在转胯移重心的同时，带动右拳及左掌迅速向内捲合，右拳边捲合旋转边迅速向前方冲拳打出，拳心转向下；左掌迅速内旋收回，掌心贴于左小腹前，指尖斜向右。此时上体中正，目视右拳前方。（图132）

图 132

（三）详注太极不老春养生心法

1. 气遍身躯不稍滞

行拳过程中，均要依照前述拳势呼息、脐轮调息的规律行气练气，以达培本固元保青春。

2. 三蓄三放气为先

此式掩手肱捶，从收脚掩手到捲合打捶，是三蓄三放的过程，即收脚掩手为蓄、擦步压掌为放；开掌展臂为蓄、缠逆蓄势为放；捲合为蓄、打捶为放。在此三蓄三放过程中，蓄为吸气，放为呼气，必须意气为先，吸为脐轮内吸，气贯丹田，下注关元；呼为命门发动，气贯两臂。这既是练好“掩手肱捶”拳招蓄发的技术要求，也是练气养生所必须，通过脐轮蓄放，促进内气流畅全身，调节和促进心、肺、脾、胃功能及血压正常。

3. 节节贯穿备五弓

节节贯穿备五弓，是各式太极拳的普遍要求，这式“掩手肱捶”表现得比较明显，所以要加以说明。

所谓“五弓”，是比喻人体有“五弓”，太极发劲时要五弓齐发，才能快速有劲。这“五弓”是指两手、两足各为两弓，计四弓，再加背脊一弓，成“五弓”。

若要五弓齐备，必须节节贯穿，必须全身放松，才能促使大小关节每节都能贯穿起来，成为一气，从而达到周身宛如一家，使“五弓”成为弹性十足的弓。尤其是背脊一弓，不能有丝毫缺陷，才能像开弓一样蓄足内劲，发劲时一弹而出，快速有劲。

节节贯穿备五弓，不仅是太极拳技击发劲所必须，而且亦是太极养生所必须。因为只有周身放松，各个关节才能串成一体，才能气遍全身，流畅无阻。中医说“通则不痛”，这是最浅显的原理。至于气行穴位，疗伤防病，则是更深一层的太极功夫了，容后详谈。

4. 捲合发劲如放箭

“42式”动作大多是松柔平和的招式，只有源于陈式的“掩手肱捶”“野马分鬃”等少数动作须有明显的刚劲发劲；当然“42式”中的发劲又不完全等同于陈式那样猛烈，它必须统一于“42式”的柔顺之中，表现出太极拳刚柔相济的特色。

然而，曾见有些练拳者，演练此式右拳向前冲打时，右拳只是缓缓前伸，未见冲打的发劲；左掌收回也只是慢慢地回收。对此，笔者曾反复体会比较，觉得还是应该有些发劲为好，它既能训练刚柔相济的太极本意，又于养生很有裨益。再说“42式”原版动作说明中曾明确说：“右拳旋转向前冲打。”旋转冲打，也就是说螺旋（缠丝）发劲。那么，此式如何练习发劲？在上述动作过程说明中已有所述。此处再说说捲合发劲中的养生心法。

先说捲合，即上述“增注动作过程”第4点“捲合蓄势”时，为吸气，此时在周身放松的前提下，要意守丹田，尾闾下坠，裆部下沉，务必内气吸满，两臂两腕要充分内捲，把气把劲吸满，然后随即向左旋转冲打，一弹而出，冲打时为呼气。

要注意，捲合时，气要吸入丹田；旋转冲打时气要从丹田发出，无论是吸蓄捲合，还是呼气冲打，都要神贯于顶，做到吸呼通顺，发劲畅速，要显出勃勃英气，才能既养生，又练劲。

第十八式　野马分鬃（左右）

（一）题注：

各式太极拳都有“野马分鬃”一式，虽练法各异，但原理相似。拳名取自野马奔腾时马鬃朝左右两边飘逸翻飞的意象。拳法则取象寓意，两手均上下左右前后分开，至于两手如何分开、劲意劲点等练法心法以及定势时的姿势就各不相同、各呈特点了。

42式中的野马分鬃，从原版动作说明来分析，主要取材于陈式，而且还取陈式中的“前招”“后招”的拳意，作为野马分鬃的过渡动作（即此式原版动作说明的1、2、3点），如此设计，就使42式中的野马分鬃兼具陈式中三招之意了。当然，其动作过程虽有陈式之意，又不完全等同于陈式。所以练习此式时，既要表现出陈式顺逆缠丝（螺旋）的劲意及发劲，又要融合于42式之中。也就是说，既要体现42式是“综合性”太极拳，又要体现整个套路的浑然一体。这可能是42式创编人员的匠心设计了。

（二）增演动作过程

1.向左缠绕发劲

接上势掩手肱捶定势：

①重心仍寄左腿，上体微微向左旋胯转体（从上势面向西转向偏西南）；同时，带动右拳变掌向左弧形下落至左下腹前，掌心斜向下；左掌以拇指领劲翻转至掌心斜向上，此时仍是左弓步。目视前方。（图133）

图 133

②上势不停，随即重心移向右腿，向右旋胯转体（成右侧弓

步）；同时，带动两掌、两臂向上、向右划弧，左掌成横掌（掌心向右），随同左前臂行经胸前；右掌成横掌（掌心向右），随同右前臂行经右肩前；此时成右侧弓步、面向偏西北、两掌侧横、两臂屈肘圆撑之势。眼神随视前方。（图134）

③上势不停，重心仍在右腿，腰胯继续向右微转，带动两掌向右并向下划弧，成俯掌，右掌在前（暂置左腿上前方），左掌在后（暂置于腹前）；此时面向偏西北，上体中正。眼神前视，做势欲发。（图135）

④上势不停，重心向左回移，并向左旋胯转体，带动两掌变化，左掌左前臂内旋、右掌右前臂外旋，两掌均成横掌，掌心均向左，手指均向前；随着重心左移、腰胯左转之势，两掌螺旋绕圈，腰腹弹性发放，两掌松沉发劲；此时左掌在上、右掌在下，成左侧弓步，上体中正。目视前方（西）。（图136）

图 134

图 135

图 136

【特注】上述“向左缠绕发劲”之①～④点，是上下右左完整一气的螺旋缠绕发放过程，是一个完整一气的弧圈缠绕过程，中间不能停顿，为了叙述方便，才分①～④点叙述。要把①～④点合为一圈运行，做到劲自圈中发。

2. 右绕小圈

上势不停，重心仍寄左腿，唯腰胯旋转一圈，带动双掌自左向右复向上、向左、向下、向右旋转一圈，转成双掌成俯掌，置于腹前，指尖向前。目视前方。（图137）

3. 提膝托掌

上势不停，乘上述小圈将成之际，重心移向右腿，左腿松膝提起，脚踝放松、脚尖下垂；同时，双掌随移重心提膝之势运行，左掌向右、向上、向前翻腕划弧上托于左膝上方，掌心向上，掌指向前；右掌划弧向上、随势屈肘横举向右侧撑开，掌心向右，指尖向前。目视前方，上体中正，神贯于顶。（图138）

图 137

图 138

4. 左上步穿靠

上势不停，松腰落胯，重心前移，左脚乘势下落，向前上步，左脚掌蹚步前行，重心移至左腿，成左弓步；同时，左掌乘势掌心向上，指尖向前，用左肘输送左掌向前穿靠，腕高与肩平，松肩垂肘；右掌向右外撑，撑向上体右侧方，掌心向外，指尖斜向前，腕与肩同高。此时成左弓步左穿掌、右撑掌之势，完成左野马分鬃势，上体中正，悬头垂尾，神贯于顶。（图139）

5. 移重绕圈

上势不停，腰胯自左向右、复向左旋转一圈（小腹同时绕圈），带动左右两掌自左向上、向右、向下、复向左缠绕一圈，两掌掌心均斜向下。

在向左绕圈时，重心后移右腿，左掌在上，置于身前偏左；右掌在下，置于腹前。目视前方，上体中正。（图140、图141）

图 139　　图 140　　图 141

6. 独立托掌

上势不停，向左旋胯转体，重心前移左腿，左足外撇，右腿乘势提膝，足尖下垂，成左独立步。

在此同时，左掌横掌（掌心向外）弧形向上、向外横摆于上体左侧，指尖向前；右掌由下而上划弧，经体前托举（掌心向上），托于右膝之上。此时独立稳定，上体中正，目视右掌。（图142）

7. 右上步穿靠

上势不停，松腰落胯，右脚乘势向前上步，脚掌前蹬，成右弓步；同时，右掌向前穿靠，掌心向上，指尖向前，手腕与下腭同高；左掌外撑至上体左侧方，手臂圆撑，指尖向前略向上，腕高与肩平。目视右掌前方。（图143）

至此已完成左右野马分鬃之拳招。

图 142

图 143

（三）详注太极不老春养生心法

1. 气遍身躯不稍滞

在一招一式过程中，都要按照上述行气规律行气练气，培本固元。

2. 顺逆缠丝莫等闲

源于陈式的这个野马分鬃，在内功养生上，应表现出顺逆缠丝的练法，即动作过程1、2、5的左右缠绕发劲时，应两手此上彼下、此下彼上、里里外外、顺逆开合地反复缠丝发劲，尤其是动作过程1的最后螺旋绕圈发劲，不可忽视，必须明显地做出发劲动作。只有缠绕发劲，才能加大内气流动，促进丹田内转，发挥养生作用，所以不能可有可无的等闲视之。

3. 内气流畅达四梢

这式野马分鬃的练法，是气达四梢的大展身手的练法。例如左右缠圈、独立托掌、进步穿靠等动作过程，都要立身中正、支撑八面、悬头垂尾、神贯于顶、内气流畅。

而内气流畅的关键在于脐窝内转。例如在腰胯旋转、缠丝绕圈时，脐窝要同时内转一小圈，久而久之，促使内气腾然；在进步进身穿靠时，内气吞吐，布于两臂，贯达于四梢。

4. 抻筋舒骨开背脊

就太极拳整体来说，每式都能抻筋舒骨，而这式野马分鬃表现得更为明显突出；尤其在上步穿靠时，前伸之手无限远伸，横撑之掌，撑向远方，再加弓步之前腿踏劲、后腿蹬劲，并腰胯松沉，悬头垂尾，神光前视，如此就能“伸开我劲不使屈，抻筋舒骨开背脊”。

医家说，“筋长一寸，寿增十春”，因而主张拉筋治病。太极拳各招各式都有拉筋功能，而这招野马分鬃的拉筋作用更为显著。例如包括颈部椎骨在内的背脊，最不容易揉开，而修炼这招野马分鬃，就能把背脊等四面八方的筋脊拉开伸长，发挥“筋长一寸，寿增十春”的作用。

5. 上步穿靠贵立桩

左右上步穿靠时，两脚一经踏实，两腿两脚就不能晃动歪斜，而应鼎立不动，即小腿像木桩立地，大腿如大梁横架，稳如泰山。如此，才能体现“前进、后退、左顾、右盼、中定”的五行要求。从而逐步练成时中、得中、守中的内功，做到中正不阿大丈夫。

6. 涌泉踏劲马分鬃

上述上步穿靠时，两脚两腿要如木桩立地，稳如泰山。此处说的是双脚立桩时，脚踏之劲来自何方，来自脚底涌泉穴。

当进身上步时，要松腰坐胯，脚踏涌泉，由涌泉下踏地面，意想内气内劲由涌泉而起，缘脊而上，直通两臂两手；前穿之掌，气劲从指尖吐出（以食、中两指为主）；横撑之掌，气劲从掌心发出。

所以当进身穿靠之际，应涌泉一踏、命门一沉、双手一发，才能完整一气地修炼野马分鬃之功，提高内功养生功能。

第三段

第十九式　云手（3次）

（一）题注

云手，是传统太极拳古有之招式，各式各家太极拳都有此招。

何谓云手？就是两手左右运行、上下盘旋，宛似行云流水，故名云手。

云手的类别有多种，从身法手法说，有云手、云开手、云合手；再加步法来说，有原地云手、横移步云手、进步云手、退步云手、行步走圈云手等多种；从太极内劲的劲别来说，一般的云手内含掤、捋、按三劲；本门的云开手，则内含掤、捋、挤、按四劲，多了一个挤劲。

“42”式中的云手，与杨式太极相似，又融于“42式”的整体之中，它练的是左横移步云手，内含掤、捋、按三劲，笔者为了掤、捋、挤、按四劲齐全，就参照本门云开手练法，加了一个挤劲。

久练云手此式，于养生大有裨益。可以坚实腰脊，灵活身手，柔化臂膀，疏通关节，更能促进气血流畅，增强活力；还可以作为单操养生功法修炼，动中求静，强身健体，修心养性。

（二）增演动作过程

1. 左右往返蓄势

①承野马分鬃之势，松腰落胯，重心后移左腿，同时向左旋胯转体，带动右脚尖内扣和两手划弧运转；右前臂和右掌腕向右内旋，手指斜向上；左掌同时向左下微撑，掌心斜向左。此时目视右掌前方。（图144）

②上势不停，腰胯松沉，重心右移，上体右转；带动两手运行，右掌翻摆转至掌心向体前右侧；左掌自左向下经左胯向右划弧至腹前，左腕翻转至掌心斜向上。此时上体中正，目视右前方。（图145）

图 144

图 145

③上势不停，腰胯松沉，上体向左回转，重心回移至左腿；乘此移重回转之势带动两手运转，左掌掌心向内从下而上并自右向左经面前向左运行，指尖高不过眉；右掌自体前右侧向下、向左划弧运行，置于腹前，掌心由外转

向内。目视左掌前方。（图146）

④上势不停，继续向左松胯转体，带动两掌运行和右脚收回，两掌都运至左侧，左掌在上，掌心斜向内，右掌在下，掌心斜向上；同时，右脚收回至左脚内侧着地，两足平行，两足间距10～20厘米。此时面向南方，悬头垂尾，目视左掌前方。（图147）

【特注】上述重心左右转换、身法左右往返、两手上下左右运行，是云手这一式的蓄势，也可以说是云手的预备势，以下从“云手①”的左脚向左移步起，才是三次“云手”的开始。

图 146

图 147

2. 云手（一）

①右转云手

上势不停，重心右移右腿，腰胯松沉，向右旋胯转体；带动两手运行，右掌自左下而上经面前向右划弧运行，掌心向内，指尖高不过眉；左掌由上而下向右划弧运行，与右掌上下交差而过，暂置腹前，掌心斜向前。此时面向右侧（西南），上体中正，目视右掌，全神贯注。（图148）

②左移步云手

上势不停，腰胯松沉，重心仍寄右腿，左脚向左横移一步，脚尖向前略左撇；带动两手运行，至体右侧，右掌心翻转向外，左掌运行至右肘内侧下方，掌心转向内。此时面向西南，目视右掌前方。（图149）

图 148

图 149

③右收步云手

上势不停，腰胯松沉，重心向左腿转移，右脚乘势向左收步，在左脚内侧落地，两脚并行向前，形成小马步，间距10～20厘米；同时，两手运行至身体前方，左掌在上，高与胸齐，掌心斜向上；右掌运至左肘下方，掌心斜

向左。目视左掌前方。（图150）

【特注】云手的计数，以此势的②左脚向左移步和右脚收回至左脚内侧为计数的开始。

图 150

④左转前挤

上势不停，腰胯松沉，上体继续向左旋转；带动两手继续向左侧运行，左手在上、掌心逐渐转向上，当运行至左侧（东）时，腰胯松沉，驱动左肘左掌向左前方挤去（掌心向上）；同时在下面的右掌，掌心向左，随势向左侧掖按而去。（图151）

⑤左翻腕下按

上势不停，当上述左掌左肘向前挤势刚形成之际，腰胯随之转一小圈，驱动左手旋腕翻掌至掌心向下，含按意，与下面的右手掖掌之势，上下前后相互呼应，至此已完成第一次云手。此时应上体中正，目视左侧（东）前方，蓄势待变。（图152）

图 151

图 152

3. 云手（二）

①向右云手掤

上势不停，两脚依然平行，胯腰放松，上体向右回转至面向正前方（南）；同时，带动两手运行，左手自上而下继续下按，并随转体而运至腹前，掌心斜向上；右手随转体自下而上与左手交错而过，向上划弧云掤至面前，掌心斜向内，指尖高不过眉，上体中正。目视右掌前方。（图153）

图 153

②向右云手捋

上势不停，腰胯放松，上体继续向右旋转至右侧前方；同时，带动两手继续向右运行，右手自面前向右云捋至右侧前方，掌心斜向上，指尖向前；左手在下自左腹前运至右腹前，掌心斜向前，含掖掌之意。此时上体中正，面向右侧前方，目视右掌。（图154）

③右沉劲前挤

上势不停，腰胯松沉，驱动右肘右掌沉劲向右前方（西南）挤去，掌心向上；同时左掌随势向右侧下方掖按而去。此时上体中正，目视右掌前方。（图155）

④右翻腕下按

上势不停，当上述右掌右肘前挤之势刚形成之际，腰胯转一小圈，驱动右手旋腕翻掌至掌心向下、含下按之意，与右下侧掖掌的左手，成上下前后相互呼应之势，至此已完成第二次云手。此时应上体中正，目视右侧（西）前方，蓄势待变。（图156）

图 154　　图 155　　图 156

4. 云手（三）

①左移步云手

上势不停，腰胯松沉，重心仍寄右腿，左脚向左横移一步，脚尖略向左，重心向左回转；带动两手运行，左手从下而上向左划弧运行，掌心向内，暂置脸前，指尖高不过眉；右掌从上而下向左运行，暂置腹前，掌心斜向左。目视左掌前方。（图157）

图 157

②右收步云手

动作与上述云手（一）之③“右收步云手”相同，不赘述。

③左转前挤

动作与上述云手（一）之④“左转前挤”相同，不赘述。

④左翻腕下按

动作与上述云手（一）之⑤“左翻腕下按”相同，不赘述。

⑤向右云手

动作与上述云手（二）之①“向右云手”相同。

至此已完成三次云手。

（三）详注太极不老春养生心法

1. 气遍身躯不稍滞

动作过程中，都要依照前述行气规律练气，以便培本固元。

2. 掤捋挤按须分清

此式横移（开）步云手，从太极内劲的劲意来说，掤捋挤按四劲齐全。对应原版动作说明和动作图片，四劲中三劲较清楚明显，唯挤劲不太明显，故笔者在增演动作过程中予以标明（见本式云手（一）之④）。

“掤捋挤按”四劲，在太极拳中占有极重要位置。老拳谱的《打手歌》说：“掤捋挤按须认真，上下相随人难进，任他巨力来打我，牵动四两拨千斤，引进落空合即出，粘黏连随不丢顶。”

“云手”这一招占有太极八法八劲中的四劲四法，可见其重要性非同小可了。当然其他拳式如“揽雀尾”等招式，也含有四正劲，但就式论式，因为“云手”是在两手左右划弧运行、一圈之中含有四正劲，容易在圆环之中一滑而过，所以特此提醒注意。

就两手上下运行一圈之中的劲意来说，不仅在上面的手含有四劲意，在下面的手也含有撩掖按的劲意，都应该分清注意。

今以左侧向右侧云手为例，说明劲意所在：当上述云手（一）之⑤左掌翻腕下按至腰部时为按，左掌继续往下、经左胯抄至小腹时为撩掖；此时右手从下而上、与左手交错而过向上运行时为掤（即上述云手（二）之①），再继续往右云手，就是捋、挤、按（即云手（二）之②③④）。至于从右侧向左侧云手时，上下的劲意相同，唯左右不同。

3. 松空圆活入佳境

松空圆活是太极拳的整体要求，而云手这一式体现得更为鲜明、要求更具体。

松，是太极拳的根本要求，但是在“松”的基础上还要进入“空”的境界，才能阶及神明。例如云手，全身上下各个部分骨骼关节完全松开，皮肤肌肉也要柔软，尤其是两手的肩肘腕掌指都要节节松柔空灵，两手上下划圆，左往右来，如双环交错，圆活如珠，又如行云缭绕，循环无端，更要意想自身似乎在腾云驾雾、轻灵飘忽，进入天人合一之佳境。到此境界则气血通畅，心旷神怡，压力全消，一身轻松。

4. 上下相随虚实行

云手的过程是上下相随、分清虚实的过程。例如两手上下左右划弧环行，与两腿左右变换虚实要上下协调、相随相行，浑然一体，不可上下脱节；同时又要分清虚实，既要分清左右两手之间的虚实，又要分清两手与两腿之间的虚实；还要分清左右两腿间腿与腿的虚实。例如，右手上掤旋转时由实变虚，而此时的重心落在右腿上，左腿为虚，右腿为实，即上虚下实。总之，要把两手两腿的虚实统一于整体的上下虚实相随之中，体现虚虚实实、处处总是一虚实的太极佳境。

5. 旋胯转体得环中

云手，并非两手自己在运行，而是由腰胯旋转为原动，驱动两手运行，这是太极内功养生心法的核心之一，不过云手表现得明显而已。因为云手时经常出现马步云手的态势，两腿之间虽有虚实，但在云手时两腿均不能晃动，增加了转动腰胯的难度，逼得你非开胯（松开髋关节和腹股沟）不可，非旋胯转体不可，否则就转动不灵，两手也就不能云雾缭绕般的圆弧运行。

还要注意，在云手过程中，无论左旋还是右转，始终要保持中轴稳定（中定），即一中二平三坠尾。一中，即头项正直，不歪不斜、不低头不仰首；二平，就是左右两肩持平，不能左高右低或左低右高；坠尾，就是尾闾中正下坠，不可翘屁股，保持悬头坠尾神贯顶的态势。

尤其在变换重心、移步换形时，切不可摇头晃脑，更要注意中定，还要注意圆裆，避免尖裆，才能活似车轮，循环不已，得其环中真髓。

6. 脐轮调息气遍身

太极拳的以心行气、练气化神等内丹功夫，都要从脐轮调息入手。如此式云手，在腰胯旋转带动两手左右运行时，都要意守脐轮、脐窝呼吸，并意想肚脐内的内气也在转小圈，气遍身躯，运于两臂，达于两手。气血畅通，就能提高人体的抗病能力和自愈能力。

第二十式　独立打虎

（一）题注

打虎一式，多家太极都有，不过名称和练法不一，有的称披身伏虎、有的称退步打虎、有的则名行步打虎、左右打虎，也有叫作独立打虎的，各有千秋。此处“42式”的“独立打虎”，与吴式的退步打虎相似，不过吴鉴泉拳架是连续退步，而此处只退一步，接着就独立提腿打虎了。

既然“独立打虎”的练法也要退一步再打虎，那么它的拳意应是老拳谱说的以退为进了。所谓：以退为进是妙用，攻守咸宜任自为。

打虎与伏虎，都是比喻对方来势凶猛，我避其锋芒、退而打之，一拳打头部、一拳打腹部；独立者，提腿可勾、可踢，也可撤步下采成伏虎之势。无论“打”或者“踢”，都要神采奕奕，显出“武松打虎”的威武气概。

（二）增演动作过程

1. 撤步探掌

承上势，腰胯松沉，微向右转，重心全部移向右腿，左脚向左后方撤退一步，重心仍寄右腿，成右弓步；随即两掌同时向右运行，左掌运行至右腹前，掌心向上；右掌旋腕翻掌至掌心向下，向前伸探至右体前，腕高与肩平，

松肩垂肘。目视右掌前方。（图158）

2. 退身伏掌

承上势，腰胯松沉，重心后移左腿，微向左旋胯转体，带动脚尖内扣，成左侧弓步；两掌随势而变，左掌翻掌下按，右掌随重心后移而边按边移，成“退身伏虎”态势。目视前方。（图159）

3. 握拳蓄势

承上势，继续向左旋胯转体，转至面向略偏东南，带动两手向左后按势运行，按行至左腹前时，两掌渐渐翻掌握拳，拳心均向上，置于腹前两侧。目视偏左前方，蓄势待发。（图160）

图 158

图 159

图 160

4. 独立打虎

承上势，腰胯松沉，重心全部寄在左腿并微屈独立站稳；右腿乘势屈膝提起，大腿持平，右脚收至裆前（含护裆之意），脚尖上翘并内扣，此时成左腿独立之势。

在此同时，两拳从上下出击，左拳内旋，经腹前体侧向上弧形打去（击对方头部或背部），置于左额前上方，拳心向外，拳背向内，拳眼斜向下；右拳内旋划一小圈向左回打，拳心向内，拳眼向上；两拳进击的线路，宛如上下回环相向。此时成左腿独立打虎势，独立稳定，目视前方，悬头坠尾，神采奕奕。（图161）

图 161

（三）详注太极不老春养生心法

1. 气遍身躯不稍滞

一招一式，都要依照前述行气规律，呼吸行气，气遍全身，培本固元。

2. 伏掌伏虎千斤坠

上述撤步探掌与退步伏掌，实际上是连贯性的退步伏虎拳势，应含有千斤坠地之意，两掌应随着撤步、沉腰、坠尾、坐身而下采，下采之势应似居高临下把人踩在脚下之意，这是打虎势中很重要的心法，切莫一带而过。

3. 腰胯转圈打虎行

上述伏掌、握拳、打虎的过程，均由腰胯的左旋右转一个小圈来驱动的：即在撤步伏掌时，由腰胯向左转驱动；接着握拳蓄势时，再由腰胯向右回转一小圈驱动；接着腰胯再向左旋转、并向右回转驱动两手上下打虎。

实际上，从伏掌至握拳再到独立打虎，腰胯来回转了两个小圈：即伏掌与握拳是一个来回小圈；独立打虎时，两手分开至弧形上举出击时又是向左向右一个小圈。

主宰腰胯是太极拳的重要心法，由于此处两小圈容易被忽略，故而特地提请注意。

4. 两拳打虎走弧形

两拳打虎的运行轨迹，除由腰胯右左转圈驱动外，两拳本身的轨迹亦应走弧形线路，此处亦有两层意思：一是两拳本身，也要旋腕翻滚；二是两拳上下运行时亦应走弧形。并且弧形要走得圆弧灵活，例如打人腹部的右拳，不但要绕一小圈，而且手腕也要旋腕转拳，在旋转中弧形打出，这亦是“劲由圈中生，劲由圈中发”的心法体现。

5. 单腿独立须稳固

独立打虎者，必须单腿独立稳固，才能显出打虎威风。所以能否独立稳固不但是此式的成败关键，而且是锻炼下肢、防止腿脚老化、防止摔跌的关键。

如何能稳定牢固？一要腰胯松沉，二是尾闾下坠，三是涌泉穴入地，四是膝部微屈，五是两肩持平，六是提顶吊裆、立身中正；七要眼神前视，不可低头看手。

第二十一式 右分脚

（一）题注

左右分脚（踢脚）是传统太极拳套路中常见的招式。此处的右分脚与紧接的双峰贯耳、左分脚、转身右拍脚，是一组应变出招的连续性紧密的招式，有点像吴式拳谱中说的情形：“右腿收势掩裆势，分腿隐藏来应战，双峰压顶扭身踢，转过身来再起脚。”

从独立打虎到后续的转身拍脚，都是在单腿独立、灵活转身的状态下展开的，因此对于修炼身法中正、单腿稳定、转身灵活、腿法灵敏有很大作用，至于腰、脊、膝、腿、足等部位的锻炼则更为直接。

（二）增演动作过程

1. 转身封门

承上势，腰胯松沉，重心仍寄左腿，微微向右旋胯转体，面向略偏东南，右小腿自然向下虚悬，踝关节放松，足尖自然下垂。

与此同时，两拳变掌，划弧运行，左手从上往下往外划一弧圈；右手从下而上划一弧圈，两手划弧至胸前时合拢，右掌在外，左掌在内，成交错十字手，掌心均向内，立掌封门。目视右侧前方，悬头坠尾，蓄势待发。（图162）

2. 开掌分脚

承上势，腰胯松沉，沉气坠尾，稳定左腿，同时右脚脚面展平，脚尖向右上方缓缓踢出，高度过腰（高龄长者视情况而定，只要提腿踢出就行）。

在此同时，两掌掌心向外，指尖向上，向左右开掌，扇形似的向左右下按，右掌在前，置右腿同一方向；左掌在后，略呈弧形撑开，两掌手腕均与肩同高，并松肩垂肘，上下相随。凝神前视。（图163）

图 162

图 163

（三）详注太极不老春养生心法

1. 气遍身躯不稍滞

一招一式动作，都要依照前述行气规律进行练气，培本固元。

2. 松沉进封顾七星

转身封门时，必须松腰坐胯，尾闾下坠。两手划弧交错时，在圆弧之中至少要含有采、捋、掤三种用意，即两手分开向下划弧时为采、捋，向上交叉时为掤，其中关键在于放松和黏随，尤其要注意松肩垂肘（切忌耸肩横肘），气贯两臂，皮肤松柔，才能达到“封住三前顾七星”的意境。三前者，手前、足前、眼前也；七星者，即肩、肘、膝、胯、头、手、足是也。

3. 身正气沉稳如山

在上式“独立打虎”的心法中，已说明单腿独立稳固的七要素，今再进一步说明其中的要害是身正气沉。身正，就是悬头坠尾、开背舒胸、守住中土；气沉，则要腹部皮肤放松、脐轮吸呼、气沉海底，乃至腹内松静气腾然，形成上虚下实（上身虚、下腹实）的态势。到此地步就能稳如泰山了。

4. 手足并进气凝神

开掌与分脚的动作，须同时启动、齐头并进，同时到位，不能有误差，否则会陷入“手到脚不到，打人不得妙”困境。

而且意、气、神与开掌分脚之间也要相合。例如足尖前点时，要神意领着足尖前往，即意到、气到、劲到之心法。

第二十二式　双峰贯耳

（一）题注

此式的行经线路，是从左右两侧弧形掼击对方双耳（太阳穴），因两拳掼打的形状像两座山峰，故命“双峰贯耳”。练好此式，能修炼两臂松柔、化解、分进合击的行功心法，以及培养腰腿与两臂上下相合的意境，有益于畅通气血、运动四肢、增进健康。

（二）增演动作过程

1. 收腿合手

承上势，腰胯松沉，重心仍寄左腿，右腿松膝，收回小腿，右足尖松松下垂。

在收回右小腿的同时，两臂屈肘，两掌外旋，经身前划弧平行下落于右膝之上，两掌掌心均向上。此时成左独立、右悬腿、两手蓄势之态势，上体中正，目视前方。（图164）

图 164

2. 松沉进步

承上势，松腰坐胯，微向下松沉，驱动右脚像猫行

似地向前迈去，脚跟轻灵着地，成高架右虚步；同时，两手缓缓握拳，逐渐收回于腰侧，拳心向上。身正前视。（图165）

3. 进身贯耳

承上势，随即腰胯松沉，重心前移，尾闾有前挪之意，右腿弓步，左腿（后腿）松松伸直，成右弓步；同时，两拳弧形滚翻，边滚翻边向左右分开，经两侧向前上方划弧掼打，高与耳齐，两拳相距与头同宽，虎口相向，拳心斜向外，两臂半屈成钳形，松肩垂肘，悬头垂尾，成右弓步贯耳势，面向偏东南。目视前方。（图166）

图 165

图 166

（三）详注太极不老春养生心法

1. 气遍身躯不稍滞

上述动作，都要依照前述行气规律进行练气，以达培本固元不老春。

2. 双手缠腕采拿精

此式口诀说："双手缠腕采拿精。"这是说在收腿合手之时，手腕要趁势旋转缠绕，先外翻、再内缠，黏拿人之手腕或肘部，接着右脚落地，变换虚实，向下或向体侧采之。

这要注意两点：一是手腕要松黏，才能锁拿；二是下采时要旋胯转体，变换重心才能得法。

此种锁拿练法，既利于修炼内功，又对养生很有益处。因为缠腕必须腕关节和手指松柔，才能发生"软柴绑硬柴"的作用，而且"十指连心"，十指与手腕的松柔运动，有益于心血管的调养。

3. 滚翻换劲双贯耳

进身贯耳能否成功，关键在于松沉进身和两臂松沉滚翻，并在滚翻之中灵活换劲。换劲者，就是腰胯松沉，变换虚实，内气吞吐，劲路忽隐忽现；滚翻者，手臂圆转，滚开来劲，趁势翻起，似掀巨浪。

例如，对方双手执我两臂（前臂或上臂）欲采欲推，我即随其劲路方向、迅速旋胯转体、重心忽进忽退，吸脐蓄势，内气转换，带动两臂滚翻旋转，划弧滚翻，臂上劲路忽隐忽现，把来劲的劲点化解于翻滚的转环之中，并趁势进身贯耳，即可奏效。

这过程概括地说，就是上肢滚转、内气鼓荡、劲路翻滚，即所谓"双峰贯耳翻浪劲"是也，形容换劲滚翻之势，好像大浪滚翻、惊涛拍岸之势。

4. 其根在脚涌泉发

滚翻换劲能否成功，还有个重要因素，就是根部是否得法，是否做到“其根在脚”。所以，下肢既要灵活，又要沉稳立桩，才能掀起巨浪。

其根在脚的一个重要点，就是要脚踩涌泉，由涌泉发劲。此点，不少人都容易忽略，故特地提醒。

第二十三式　左分脚

（一）题注

左分脚与二十一式的右分脚大体相同，仅方向和个别过渡动作稍异，都是太极拳中常见的招式。

（二）增演动作过程

1. 后坐展臂

承上势，腰胯松沉，重心后移，上体微右转；同时，两拳变掌，两臂向左右弧形向下展开，暂置于两肩左右，掌心皆向外，指尖斜向上，腕略高于肩，松肩垂肘，上体中正。目视左掌前方。（图167）

图 167

2. 封门收脚

承上势，腰胯松沉，重心回移右腿，左脚乘势收回于右脚内侧；同时，两臂两掌从左右两侧向下、向内划弧，经腹前时两掌相交合拢，左掌在外，右掌在内，交错十字，上举于胸前上方，成十字立掌封门状。目视左侧前方，悬头坠尾，蓄势待发。（图168）

3. 分掌开脚

承上势，动作过程与右分脚相同，唯左右不同。（图169）

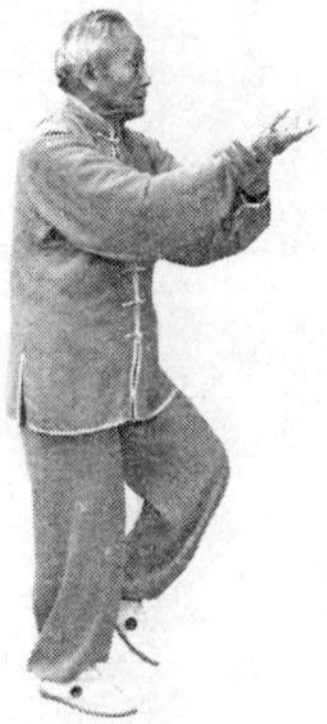
图 168

图 169

（三）详注太极不老春养生心法

1. 气遍身躯不稍滞

一招一式动作，都要按照前述行气规律进行练气，以便培本固元不老春。

2. 展臂划弧舒胸背

动作 1 的后坐展臂，其养生功能主要是舒胸开背，因此两臂必须向左右两侧撑开，而且两掌掌心要外撑、掌根要坐腕、撑开的两臂要微微后撑，要明显感觉到胸在舒展、背在展开。

从调息频率来说，展臂开掌为吸，收脚封门为呼为合，吸呼与动作要息息相应，提起精神，气遍周身不稍滞。

其余心法与右分脚相同。

第二十四式　转身拍脚

（一）题注

此式也是太极拳的脚法之一，其特点在于灵活转身、避实攻虚，在转身中突然起腿。从养生角度讲，重点在于锻炼身法的灵活性与稳定性，有益于脑、腰、脊、腿、膝、足等部位的运动，从而促进身、心、灵整体健康。

（二）增演动作过程

1. 勾腿收掌

承上势，腰胯松沉，稳定右腿重心，左腿小腿下落，向内、向右侧身后勾踩，并扣步下落于右脚外侧，脚掌着地。

在左腿勾踩落地的同时，两掌划弧从两侧收回于腹

前，掌心斜相对，上体中正，准备转身。（图170）

2. 转身合掌

承上势，随即以脚掌为轴心右后转身180°，回到左分脚时的面向东侧（所说脚掌为轴，是先以右脚为轴向右后转身）；接着左脚掌为轴继续右转至上述方向；当转正之时，右脚尖点地。

在转身180°之际，两掌会合交错，右掌在外，左掌在内，合抱于胸前，掌心均向内。目视前方。（图171）

图 170

图 171

3. 开掌拍脚

承上势，身体重心全部移向左腿，左腿独立支撑，右脚向前、向上踢出，脚面展平。

与此同时，两掌划弧分开，掌心均转向外，右掌向前拍击右脚的脚面，尽可能拍击有声（注：原版动作要求右脚踢出要高与头齐。这是对职业运动员比赛的要求，对业余练习者或上了年纪的长者来说，只要能踢到与腰高就可以了，拍不到脚，拍大腿也可以，拍击有声，同样可以做到有声有色）。

在右掌拍击右脚的同时，左掌向后划弧分开，平举于身体左方，腕高于肩，须松肩垂肘。此时独立稳定，上体中正，悬头坠尾，目视右脚前方。（图172）

图 172

（三）详注太极不老春养生心法

内功养生心法，与上述左分脚、右分脚相似，不再赘述。此处仅就踢腿如何踢得高，说一点心法。当然，应当加强坚持踢腿的基本功训练，至于心法上至少注意三点：

1. 当腿（左或右）上踢时，要意想脚尖向自己头上踢来。起初并不理想，但练之日久，便会逐渐提高。

2. 要注意松开胯根。踢不高的一大障碍，是胯关节紧绷绷的，拉不开，所以无法踢高。因此，要加强放松功训练，尤其在上踢之时，心意要十分放松，意想我的胯已经松开了，踢腿能够往上了，畅通无阻了。这似乎有点精神胜利法的味道，但意识的力量是不可思议的，能够潜移默化，日久自然生效。

3. 可运用气冲关节的心法。哪里需要放松，气就行向哪里，用气去疏通那里的僵紧处。当然，意念不可太重，只能轻微的、徐徐的，只要持之以恒，关节就会逐渐疏通，踢腿也会慢慢提高。

第二十五式　进步栽捶

（一）题注

进步栽捶是太极五捶之一。各式太极拳都有太极五捶，名称有同有异，练法也各有异同。“42式”中亦有五捶，即第一段的撇身捶、进步搬拦捶；第二段的肘底捶、掩手肱捶；第三段的进步栽捶。

太极拳名为拳，实则掌法居多，用捶者仅此五捶也，所以是珍稀的拳招，宜重视修炼。

进步栽捶与搂膝指裆捶，形体动作大致相同，主要的不同点，在于右拳出击的目标与高度不同。据李景林审阅的原山东国术馆《太极拳讲义》（田镇峰著）说：“进步栽捶者，即进步向前使拳由上下栽之谓也。”其功用，“设敌以足踢吾小腹时，吾可抬足以避其锋，或以左手向外搂开、右手击敌之小腹”。

而搂膝指裆捶，则稍有不同。该讲义说：“乃搂膝后乘势用拳进击敌裆之意。”其功用：“设敌以足踢吾裆时，我即抬腿避其锋，顺势以左手反格敌腿，则敌必倒；又可击敌之阴部，敌必应手而仆矣。”

可见“栽捶”与“指裆”，虽然外形大体相同，但出拳的目标与部位不同，练习时要细细体会。

（二）增演动作过程

1. 收腿举臂

承上势，腰胯松沉，右腿屈膝收回，右脚落于近身前，脚尖微外撇，右脚暂虚，重心暂寄左腿。

与此同时，两前臂外旋，左掌向上、向右划弧，掌心向右，屈肘举于左上方，手指与头同高，松肩垂肘；右掌旋腕翻转向下回落至腰间，掌心向上，此时上体中正。目视前方。（图173）

图 173

2. 转身握拳

承上势，腰胯松沉，上体向右旋胯转体；同时，带动两手划弧运行，右手握拳向右、向上划弧运行，屈肘握拳收于右耳侧前方，拳心暂时向下；在转身握拳甫成之际，左脚乘势向前上一步，脚跟先着地；左掌向中间并向下划弧落于腹前，掌心向内。身正前视。（图174）

3. 进步栽捶

承上势，随即重心前移左腿，松沉前进，成左弓步。

与此同时，乘弓步进身之势，左掌右拳同时出击，左掌从腹前出发弧形向前、向左搂去，按于左膝前上方，掌心向下；右拳经右耳旁向前下方打出，打出之拳须螺旋形边旋腕边下栽打击，打向对方的小腹部，此时拳面向前下方，拳眼向左。精神贯注，目光关顾前下方。（图175）

图 174

图 175

（三）详注太极不老春养生心法

1. 气遍全身不稍滞

一招一式动作，都应按照前述行气规律进行练气，以便培本固元不老春。

2. 收腿转身须松沉

在收右腿右转身时，须腰胯松沉，敛臀坠尾，用千斤坠地之心法稳定身法，才能收腿灵敏，转身自然，气血畅通。

3. 上步进身悄悄行

左脚上步进身，是进步打捶的前奏，必须轻轻地、悄然无声地、不动声色地进行，属暗进一步之意，才能出其不意地进身打捶。若要悄然无息，必须松静致柔，含静如处子、动时出兔之意。

4. 斜进正出细细品

此式进步栽捶，与搂膝拗步之进身身法相似，也属于斜进正出的身法，在上步进身之际是斜进，出拳栽捶就是正面进发，要细心品味这“斜”“出”之心法。

此法不仅用于拳招，在生活和工作中有时也可运用斜进正出之法，取得成功。

5. 劲由脊发身法稳

出拳栽捶时，要注意两点：一是进拳的方位是从上而下的下栽之谓，如栽植物状；二是下栽之劲，从涌泉上升，由脊发出，掼于拳上，施于彼腹。而且头宜悬、身宜正，身法稳，方为上策。这就要求放松入静，气遍全身，才能奏效。

第二十六式　斜飞势

（一）题注

此招式的形状，宛如鸟的两翼斜展飞翔状，故名。不过有的拳家名“斜飞式”。名虽稍异，但招式运作相近。

从内功的攻防意义上说，都是运用肩、背、肘之法及开合之劲，所谓“肩靠背击又暗肘”是也，一旦得机势，轰然如捣棰。

（二）增演动作过程

【特注】原版动作说明及附图，斜飞势的定势状态是背南面北的。为了正面背面都能展示斜飞势的英姿，笔者增添了一个正面展示的姿势，动作与原版的背面相同，仅个别过渡动作稍异，以便读者能看到正背两面的斜飞势雄姿。

1. 回身抱球

承上势，腰胯松沉，重心移向左腿，上体向左回转，左脚外撇，右脚内扣，成左横裆步。

在移重心回身的同时，两手弧形向内合拢，左手在上，右手在下，掌心相对，成左抱球状。此时面向北偏东，目视前方。（图176）

2. 扣步转身

承上势，腰胯松沉，重心全部移向左腿，向左腿旋胯转体至面向东北，带动右脚收回扣步，与左脚成丁字步；同时，两手左抱球之形状不变，但须随着扣步转身而移动。此时须悬头坠尾神贯顶，目视前方。（图177）

3. 转身移重

承上势，继续向左旋胯转体，转至面向东偏北，右脚向右上步，随即重心转移至右腿，左脚跟乘势外旋、右脚掌外撇，成右横裆步；左抱球姿势随转体而动，随即两掌分别向前上方和左前下方分掌撑开，右掌略高于头，掌心斜向上，左掌同胯高，掌心斜向下。身正前视。（图178）

图 176

图 177

图 178

【特注】上述回身抱球、扣步转身、转身移重的过程，是连绵不断的抱球转身过程，虽有步法及重心的变换，但转身不能停顿，要慢而不断地灵活转身。欲要了解更详细的动作过程，请参阅正面的斜飞势动作过程。

在日常的“42式”太极拳学练中，读者可根据自身情况，均可选择背面或正面的斜飞势进行锻炼，以下是正面的斜飞势动作过程。

1. 重心后移

承上势图175进步栽捶，腰胯松沉，重心后移右腿，带动两手弧形上提，与腰同高，左手在上，右拳变掌在下，指尖向前，掌心向下，身法中正。目视前方。（图179）

2. 转身抱球

承上势，向右旋胯转体，转至面向南；同时，带动两手两脚变动，左手弧形向上、向右随左臂屈肘于胸前，掌心向下；右手在下划一个小弧置于腹前，掌心向上，与左手成上下抱球状；同时右脚尖微外撇，左脚跟内旋，成右横裆步左抱球势，上体中正。目视前方。（图180）

图 179

图 180

3. 移重收脚

承上势，腰胯松沉，重心回移左腿，右脚乘势收回至左脚里侧，右脚掌点地；上体微向左回转，带动左抱球随势而动，抱球形状不变，形成鸡丁步左抱球势，立身中正。目视右侧前方。（图181）

4. 上步欲飞

承上势，腰胯松沉，左腿稳定，上体微右转，右脚向侧前方开步，先脚跟着地；同时，两臂相交合抱于胸前，左手在上，右手在下，两掌掌心斜相对。目视右侧前方，蓄势欲飞。（图182）

图 181

图 182

5. 进身斜飞

承上势，腰胯松沉前进，驱动右腿松沉前弓，成右侧弓步（右横裆步），右肩乘进身之势向右前方沉身肩靠而去（仅含靠意，肩不可出格）。

与此同时，两臂两掌分别向右前上方和左前下方展开，两肘松沉，右手为阳掌，掌心向上，指尖向右前方，高于头前上方；左手为阴掌，与左胯同高，掌心向下，坐腕扬指；此时两臂两掌斜形分开，一上一下，形成宛似鸟之两翼斜飞之势。此时气势英武，双目炯炯有神，注视左前方。（图183）

至此，面向正面的斜飞势已完成。

图 183

（三）详注太极不老春养生心法

1. 气遍身躯不稍滞

一招一式动作，都要依照前述行气规律进行练气，以便培本固元不老春。

2. 转身变换要轻灵

上势“进步栽捶”的方向是朝东，包括右拳、左掌及弓步的方向都是朝东。而如果练正面的斜飞势，则右手要从东转向西，身躯也要转向南略偏西，是较大幅度的转身动作。

而且步随身换，左脚要随着转身而内扣，右脚也要向身后进步（插入对方裆下或套住对方一脚），无论身法还是步法，都要平稳、轻灵，使手、眼、身、步上下相随，协调一致，完整一气。

所说完整一气，是指正面斜飞的动作过程 1、2、3、4、5 要转动如一，中间不能停顿，体现上下相随、整体如一的内功要求。即使只练背面的斜飞势，也有转身灵敏的内在要求，虽然转身幅度并不大，但依然有左转蓄势、右转斜飞的转身灵活一致的要求，不可忽视。

3. 舒胸开背展两翼

斜飞势的特点是左右两手展开的幅度很大，几乎达 180°，加上侧弓步的幅度也较大，因此整个拳式有大开大合、正气凛然的风度。这种气势风度，对于内功养生的修炼十分有效。为了达到这个要求，要注意两点：

一要舒胸开背。即在两手左右展开斜飞的过程中，胸部要向两侧扩展，要感受到胸膛舒展的舒畅；同时背脊要向两侧松开，只有舒胸与开背同时进行，才能奏效。这舒胸开背的心法，不仅能有利于胸肺的疏理调养，还能防治驼背的弊病。

二要内气外发合为一。即在两手合抱时为吸，两手展飞时为呼；即在抱球收脚欲飞时为吸，上步展翅时为呼。在吸气时，要脐轮内吸，且吸气要吸足，直达命门；呼气时，由命门而上，气贯两臂，达于两掌；最终达到吸呼合而为一，才能奏效。

4. 明肩暗肘背连环

这指的是斜飞势的招式用法。明肩，就是趁斜飞之势，用肩靠之法应敌，如果情势有变，即可用背击之法，所谓“肩背可作连环打”是也；至于暗肘之法，是说向上、向外的右手臂，形似斜飞，实则暗藏肘法，可视情况需要而运用肘击之法以应变。所以练习时明白劲意所在，才能长功力、促养生。

第二十七式　单鞭下势

（一）题注

“下势”这拳式，各家太极都有，有的称单鞭下势，有的称云手下势，有的则称翻身下势，而有的只说下势。

其共同处，都是身体下蹲、仆步下势，以锻炼腰、腿、膝、踝的柔软度，以及上下一致的协调性。

此处的下势，因其左手的勾手与单鞭招式的勾手相似，故称单鞭下势。

（二）增演动作过程

1. 回身勾手

承上势“图178斜飞势”，腰胯松沉，重心左移，向左旋胯转体；同时，带动两手划弧运行，左掌内旋缠指变成勾手，划弧上提至身体左侧上方；右手向上、向左划

弧，经头前弧形摆至左肘内侧，掌心向内；成高架左横裆步勾手势，立身中正，松肩垂肘。目视勾手前方。（图184）

2.仆步下势

承上势，左腿屈膝，身体下蹲，臀部下坠，左脚应平直踏实，左脚跟不可翘起；右腿向右展铺伸直，右脚尖内扣，右脚掌贴地（不可上翘），成右仆步。

在仆步下势的同时，两手划弧运行，右掌下行经腹前顺右腿内侧向右穿行至右膝前，掌心转向外，变为侧掌，指尖向右；左勾手随势下行，举于左后方，宛似右单鞭中的单鞭形状。

此时，已完成单鞭下势式，但须上体正直，不可俯身低头；臀部应低坠内敛，不可翘起。目视右掌前方，精神内敛，蓄势应变。（图185）

图 184

图 185

（三）详注太极不老春养生心法

1. 气遍身躯不稍滞

一招一式动作，都要按照前述行气规律进行练气，气遍全身，培本固元。

2. 三田相通身舒畅

所谓三田，是指前丹田（脐）、后丹田（命门），以及下丹田。三田相通，就是这三个气穴的内气能够相互汇通，这是修炼内丹的初步功夫。

在仆步下蹲时，也须要三田相通，其初步行气线路是，由脐轮吸气，通至背后的命门；呼气时，由命门返回脐轮，由脐而下至下丹田。起初练习时，顾此失彼，通不起来。只要耐心坚持修炼，日久功深就能通顺。因此须要平时坚持修炼静功，才能有成，如果单单在练拳架招式时才练此功，那是练不好的。笔者在此提出这一问题，是再次表明太极拳是内外兼修、性命双修的拳种，常言道：练拳不练功，到老一场空。

再回到“仆步下势”这一动作上来说，当“回身勾手”蓄势即将下蹲时为吸，按上述吸气至命门之法进行；当仆步蹲身时为呼，按上述命门返回脐轮之法，直下丹田；此时三田相通，一呼而下，能促进蹲身稳定，下势有劲，周身舒畅。

3. 旋腕勾手莫轻视

勾手的功用，是勾拿对方手腕，是擒拿法之一法。在练习此式时，要注意勾手的旋腕捲指，意想将对方手腕翻卷拿扣，如蛇缠物。这一动作，在“单鞭下势”这一招式中是并不显眼的小动作，但十分重要，不可轻视。

从养生来说，常言道：十指连心，缠腕拳指的动作，如能练得柔顺圆活，将有利于心肺功能的调理护养。

第二十八式　金鸡独立（左右）

（一）题注

此式一腿独立，一腿提起，宛似鸡鹤独立的形态，故命之。所谓“一腿支撑入地根，金鸡独立显神韵”是也。

单腿支撑的姿势，能锻炼人体的中正平衡能力，有利于防跌、抗跌。

（二）增演动作过程

1. 起身挑掌

承上势，腰胯松沉，重心前移右腿，上体右转起立面向东；同时，右腿屈弓，右脚尖外展；左腿自然伸直，左脚尖内扣，成右弓步。

在起身弓腿的同时，带动两手运行，右掌从下而上弧形上挑至体前，成侧立掌，腕高与肩平；左手勾手暂不变，左臂内旋下落至身后，勾手的勾尖向上；上体中正。目视右掌前方。（图186）

2. 左独立

承上势，腰胯松沉，乘起身之势，重心全部前移至右腿，站稳右腿；左腿乘势屈膝提起，大腿持平，踝关节放松，脚尖下垂，成右独立步。

乘起身独立之势，左勾手变掌，经体前向上挑起，成侧立掌，指尖高与眉齐；同时右掌翻腕下按，按于右胯旁，指尖向前，成左金鸡独立势。目视左掌前方。（图187）

3. 右独立

承上势，腰胯松沉，臀部敛坠，左腿趁势向左侧横开一步踏实，脚尖外撇约40°，重心迅速移向左腿踏实；右腿乘左腿踏实之势，迅速屈膝提起，大腿持平，踝关节放松，脚尖下垂，成左独立步。

于此同时，左掌翻转下按于左胯旁，指尖向前；右掌上挑至体前，指尖高与眉齐，成右金鸡独立势。此时左腿支撑稳定，立身中正，凝神前视右掌前方。（图188）

图 186　　图 187　　图 188

（三）详注太极不老春养生心法

1. 气遍身躯不稍滞

一招一式的动作，都要依照前述行气规律进行练气，以培本固元，抗老葆春。

2. 提膝上顶应开胯

一腿支撑、一腿提膝时，提膝之腿要含上顶之意，尽量提得高些。这既有利于加强腰、脊、腿的锻炼，还有攻防应变之效。

如何轻松上顶，首先要开胯松腰，尤其要松开胯根，还要另一腿的踏劲及松沉坠尾之势襄助，才能增强提膝之威。

3. 独立稳定七要诀

金鸡独立的支撑之腿必须十分稳定才能防守反击，才能锻炼下肢、增强腿力，防止老化、防止摔跌。

那么，如何才能稳定牢固？一要腰胯松沉，二要尾闾下坠，三要涌泉入地，四要膝部微屈，五要两肩持平，六要悬头坠尾、立身中正，七要眼神平视，不可低头看手。做到这七要，就能稳如泰山。

4. 穿掌上挑须用肘

金鸡独立，一手上穿、一手下按，这上挑下按之势，除上述七要诀外，还要活肘用肘，才能上穿有成、下按有劲。

所谓活肘用肘，就是用肘的上挑催动前臂及手掌向前、向上穿出，并不是手掌自己上穿，换句话说，是用肘的上挑，推动手掌上穿，肘好比是火箭发射，掌好比是弹头。这样才能穿得灵活、穿得有劲。因此，松肘、活肘、用肘十分重要。

肘，是整条手臂的中节，中间活，才能促进两头活，并有利于促进四肢灵活，也有利于内劲的修炼与发放，所谓“肘化一大片，肘发如放箭”是也。

第二十九式　退步穿掌

（一）题注

退步穿掌这招式，动作并不繁多，仅仅右退步、左穿掌而已，故名“退步穿掌”。

退步的拳招，在各家太极拳中都有，例如陈式的“退步压肘”、杨式的“退步跨虎”、吴式的“退步打虎”、武式的“退步踢脚”、孙式的“退步揽扎衣”和武当丹派的“退步龙捲手”“卸步捞月”等。

退步的特点，都是以退为进，退即是进。此处的“退步穿掌”，貌似右腿在后撤，实际左掌已前穿，是明显的以退为进。

当然，此处的退步穿掌，也是套路编排的需要，是为了返回到起势方向演练而安排这一式的。

（二）增演动作过程

1. 松沉退步

承独立势，腰胯松沉，左腿微屈，右腿乘松腰落胯之际，上提之膝下落，并向后方撤退一步，右腿自然伸直；

此时左腿屈弓，左脚内旋转正，成左弓步，上体中正。目视前方。（图189）

2. 退步穿掌

承上势，当上述退步之势刚刚形成之际，松腰落胯，重心乘势后移少许，迅即重心又回移左腿，这进退的幅度并不大，可称之谓“稍退复进”。

就在这稍退即进的瞬间，左掌旋腕翻转，掌心向上，五指向前，从腰间上穿；同时右臂内旋，从上而下横掌下按，在胸前与上穿的左掌交错而过；左掌在上，穿至前方，腕高与肩平，右掌横按于左肘下方。此时上体中正，凝神前视。（图190）

图 189

图 190

（三）详注太极不老春养生心法

1. 气遍身躯不稍滞

各招各式的动作，都要依照前述行气规律进行练气，以培本固元，抗老葆春。

2. 一吸一呼穿掌去

退步穿掌此式，动作简明，仅一退一进就能完成。但是，越简明易行，越要注意行气、练气，才能有利于练内功、促养生。

一退一进，就是一吸一呼。右腿后退时为吸，左掌上穿时为呼。吸气时，由脐轮吸入，直通背后的命门穴；呼气时，由命门直通脐窝，下注丹田。尤其在左掌将达目的的瞬间，要沉气坠尾，气达手掌，由指尖通出；同时还要辅以脚底涌泉穴踩气，才能上下贯通，气遍全身，有利养护脏腑，增强青春活力。

3. 掌从口出神意先

太极拳每一招式都要神意为先，这就是太极拳心法要诀的“神聚诀”。此式动作虽然简明，但“神聚”二字很明显。当退步穿掌时，要“掌从口出”，一气鼓铸，聚精会神，双目炯炯，气势腾挪，宛如有敌在前。这样，才能收形神俱炼、内外兼修之效。

第四段

第三十式　虚步压掌

（一）题注

此式过渡动作简要，仅转身与压掌两个小过程，因定势动作是右虚步、左压掌，故名“虚步压掌”。

此式在于锻炼身法的灵活转动和灵敏应变，以及腰腿的高低起伏，促进关节松柔、气血流畅，增强抗病能力。

（二）增演动作过程

【特注】原版动作说明，此式分解为两个动作过程。如果从方便学练考虑，可细分为三个过程：即移重举掌、转身摘盔、松坠压掌三过程，本人也是如此勤练的。今按此三过程注释如下。

1. 移重举掌

承上势，腰胯松沉，重心后移右腿；同时，带动两手运行，右掌收至腹前，掌心下按；左掌举于面前上方。此时形成高架右大虚步举掌势，上体中正，目视左掌前方。（图191）

图 191

2. 转身摘盔

承上势，腰胯松沉，向右后旋胯转体180°，同时扣左步，转至面向西；乘旋转之势，左掌继续上举于头后上方，从脑后上方划弧翻掌，经过头顶向下压去。这一练法，实际上是“脑后摘盔”招式的练法。（图192）

在做脑后摘盔时，要像龙卷风似的弧形旋翻而下。所以，从举掌划弧到脑后摘盔而下，是一个连续的过程，可以缓慢进行，但中途不能停顿，要一气呵成。为了行文的方便，才分开叙说。

3. 松坠压掌

上承转身摘盔之势，重心全部移至左腿，右脚提起，前脚掌落地，脚尖向前，右虚步；接着松腰落胯，上体向下松沉。

与此同时，那脑后摘盔之左掌，翻掌（掌心向下）而下，直向身前下方压去，横掌压于右膝之上；同时右掌搂按于左胯旁侧。凝神前视。（图193、图194）

图 192

图 193

图 194

（三）详注太极不老春养生心法

1. 气遍身躯不稍滞

一招一式动作，都要依照前述行气规律行气练气，气遍全身，以便培本固元，青春不老。

2. 转体轻灵坦荡荡

当动作1转向动作2的扣步转体180° 时，其中关键在于旋转二字，一是腰胯顺速后旋，二是腰胯旋转带动上体向后旋转180° ，三是左脚跟旋转、脚尖朝内扣。这三个旋转若要转得轻灵，又必须分清虚实。开始之初重心在右腿，一经甫转扣步踏实，迅速将重心移至左腿，才能方便右脚如前轮碾转，扫除身体旋转的障碍，做到转身若猴，完满旋转180° 。

若要转身轻灵，又必须体松心静，体无障碍，心无压力，神情自然，才能一身轻松，舒舒服服练功，坦坦荡荡养生。

3. 千斤下坠压掌行

虚步压掌时，心意上要整体下坠，包括脑后摘盔之左掌下压、腰胯松沉、躯体下坐、臀部下敛、尾闾下坠，以及内气下沉，都要一气呵成，如千斤坠地之势往下压，才能显现压掌的气势与功能。

第三十一式　独立托掌

（一）题注

此式与十八式野马分鬃分解动作6的“独立托掌”相似，仅一处不同：此式的前托掌之右掌和横撑之左掌，都施展得比较开，气势足。正因为这样，此式才能成为单独的一招而存在。

（二）增演动作过程

1. 起身独立

承上势，腰胯松沉，左脚掌蹬地起身，左腿站稳微屈；右腿乘势屈膝提起，脚尖自然下垂，成左独立步。

在起身的同时，两手随同做势，右掌旋腕外翻（掌心向上，指尖向前），举于胸前；左掌划弧翻转，掌心向左，指尖向前，成左横掌，暂置于左肋外侧，腕高与肩平，蓄势待发。目视右掌前方。（图195）

图 195

2. 前托左撑

承起身独立之势，左右

两掌同时运行，右掌松肩垂肘，向前方（西）伸托吐劲；左横掌伸臂外撑，臂成弧形，掌心吐劲。此时成独立稳定、悬头正身、右托左撑、凝神前视之英姿。（图196）

图 196

（三）详注太极不老春养生心法

1. 气遍身躯不稍滞

一招一式动作，都要依照前述行气规律进行练气，以培本固元，抗老葆春。

2. 独立托掌一息间

此式动作简要，尤其要注意行气调息。独立托掌的过程，仅在一息之间完成，即起身独立为吸，托掌撑掌为呼；其动作的快慢要与呼吸的频率一致，不可脱节。

此法可修炼呼吸的深、长、细、匀，凡练功的人都知道，调息的频率延长，标志着功力的长进，到了绵绵若存的境界，不但能健康长寿，更能青春不老。

当然，太极拳练气，式式都应如此，因此式动作简要，为防疏忽，特此提出。

3. 伸开我劲不使屈

这是太极拳的一句口诀，每招每式都要“伸开我劲不使屈”，而此式的独立托掌更要注意，假如不注意，很容易一略而过，一托了事。所以进行“右掌托、左掌撑”的过程中，在心法上要注意随着呼气，右掌前托时要注意肩松沉、肘下垂而前伸，掌心向上、向前托伸，意想劲气从掌心上托又前伸；左掌横撑时，亦要随着呼气，意想松肩垂肘的无限撑开；这样随着左右两掌两臂的伸展而把内劲内气伸开去，不使内劲内气受丝毫的委屈。这样练之日久功深，就能一吸俱吸，一呼俱呼，百脉皆畅登寿域。

第三十二式　马步靠

（一）题注

靠，是太极八法之一，即掤、捋、挤、按四正法；采、挒、肘、靠四隅法。在诸家太极拳套路中，以“靠”命名的招式不多见，曾见陈式太极拳中有“背折靠”、武当内丹太极拳中有“大捋靠”等。如今，“42式”中设置“马步靠”一式，则别具新意。

虽然以靠命名的招式在套路中不多见，但在太极推手训练过程中都比较重视，尤其在大捋四隅推手中，专设“顺势顺步插裆靠”一势。细察“42式”的“马步靠”一式，颇有大捋推手中顺势靠的风味。笔者把它细分为1～4动（原版动作说明分为1～3动）。

（二）增演动作过程

1. 松沉落脚

承上势，松沉腰胯，右脚乘松沉之势向前轻轻落地，脚尖微外撇，重心移向右腿，上体微右转。

与此同时，带动两手运行，右掌内旋，右前臂以肘为轴向内划弧至左肩附近；左掌内旋，向上、向右划弧至左胸前方，上体中正。目视前方。（图197）

2. 左脚内收

承上势，松沉腰胯，身体右转，重心全部移向右腿，左脚乘势收回右脚内侧，左脚掌虚粘地；同时，两掌继续运行，左掌松握拳，弧形落于腹前，拳心向内，拳眼向右；右掌继续运行至左臂，掌心粘附在左上臂内侧；上体中正。目视左前方。（图198）

图 197

图 198

3. 进步插裆

承上势，腰胯松沉，尾闾下坠，上体左转，左脚乘势向左前方上步，插入对方裆下，两手会合于左侧，顺势将靠。（图199）

4. 顺势前靠

承上势，乘腰胯松沉、进步插裆之势，重心从后（右腿）向前（左腿）移动，成半马步势，沉身坠尾。

乘此移重前进之势，驱动左肩向前方靠去；左手松握拳，松肩屈肘置于左膝处；些时粘附在左上臂内侧的右掌，随势向前挤去，为肩靠推波助澜。此时悬头坠尾，上体中正，目视左前方。（图200）

图 199

图 200

（三）详注太极不老春养生心法

1. 气遍身躯不稍滞

一招一式动作，都要依照前述行气规律进行练气，以达培本固元，抗老葆春。

2. 插裆肩靠气为先

从动作过程1开始至插裆前靠，应以行气为先导，以行气为原动。即意守脐轮，吸则肚脐内敛吸气至命门；呼则由命门而至左肩及两臂，意想气从左肩通出，用“气能”靠击对方。如此练之，日久功深，就能气遍全身不稍滞，气通百骸无疾病。

3. 松沉黏随随他走

“粘黏连随”是太极拳内劲发放的普遍要领，而此式“马步靠”更要注意修炼此诀。因为马步进身靠，在内功技法上是化解对方用大捋之法攻我而顺势前靠的拳式。为此，在练此式时，要假想对方用大捋之法捋我，我即松沉黏随，“随”他而走化，并在走化过程中变被动为主动，由化解而变进靠。

若能长期如此修炼，不仅能有效地提高腰腿身法的灵活性，更能促进精气神的升华。

4. 定之中正顺为高

定之正中，是指进身前靠时，身法必须正中；顺者，即顺势而入是也。此处说的“中正”，内含三个内功内劲之意：

一是肩的中正。靠劲发出时，肩不能出格，肩与胯必须上下相合，保持中正垂直线，如果歪斜着肩膀向前撞击，必为人所乘。插裆或套步靠都要保持肩的中正不偏。

二是中正松沉。进步前靠既要进身向前，更要腰胯向下松沉，不能单单向前进身，那样会造成撞肩的缺憾，所以必须用下沉之劲催发肩靠。

三是沉身踏劲。在沉身前靠之际，要注意脚掌踏劲，用涌泉穴反弹之劲发出靠劲。此种靠劲，既猛且稳，能显现出“靠要崩”的气势。所以口诀说：“若问进靠谁为先，定之正中顺为高。”

第三十三式　转身大捋

（一）题注

“大捋”一词源于传统太极推手训练的四隅推手，因为四隅推手中撤步采捋动作的幅度很大，所以俗称“大捋”。

在传统各家太极拳中，直接以“大捋”命名的拳式不多见，曾在武当内丹太极拳套路中有“大捋靠”一式。至于“转身”的招式则诸家太极拳中都有，其中出现比较多的是陈式太极拳二路，有“风扫梅花”“转身六合”等几个招式。不过转身的幅度各家则不一，有的转身90°，有的转身180°，有的转身270°乃至360°，可谓精彩纷呈。

“42式”中的这一式“转身大捋”，其转身幅度较大，笔者练的是转身360°。要求在浑然一体的大转身中一次性整体完成“大捋”动作。如此练之日久，就能促使头脑清醒、身手敏捷、腰腿灵活、周身生机勃勃。

（二）增演动作过程

1. 移重变掌

承上势，重心松沉后移右腿，并微向右转；同时，带动两手运行，左臂外旋，左拳变拳为掌，掌心向上，向上划弧，置于身前（须松肩垂肘）；右前臂向上弧形运行，掌心向下，置于左臂内肘附近；此时左手在前，右手在后，上体中正。目视前方。（图201）

2. 初转划弧

承上势，松腰落胯，重心暂寄右腿，向左旋胯转体；同时，带动两手交错运行，左手收回翻掌，掌心向下，置于左胸外侧；右手划弧向前，右掌翻腕向上，两掌前后交错而过。此时上体中正，面向西南。目视右掌前方。（图202、图203）

图 201

图 202

图 203

3. 续转扣步

承上势不停，重心暂时还在右腿，向左旋胯转体，驱动左脚外撇45°，迅即重心前移左腿，左脚踏实，右脚乘左后转身之势，向前扣步于左脚前，成丁字步。

两手乘转身扣步之势，交错运行，左掌以肘引掌，向后捋回；右手同时以肘为轴，向前挤去，边挤边旋腕翻掌，掌心向上；此时右掌在前，左掌在后，上体中正，面向东北稍偏东。目视前方。（图204）

4. 三转撤步

承上势不停，继续向左旋胯转体，重心迅速移向右腿，右腿屈弓，左脚乘势向后（西）撤一大步，右腿实，左腿虚。

在转身撤步的同时，两手随转随行向左平捋，掌心向下，右掌高、在前；左掌低、在后，置右肘内侧前；此时上体中正，面向正东。目视前方。（图205）

图 204

图 205

5. 滚肘大捋

承上势不停，继续向左松沉旋胯转体，从面向东转向偏西，边转体边移重心于左腿，右腿自然伸直，成左侧弓步。

在转身的同时，两掌边平捋边握拳，用滚肘之法向左后方滚转大捋，左拳滚收于腰间，拳心向上；右臂屈肘外旋滚压于体前，拳心向上；此时上体中正，面向西北稍偏西，已完成360° 大转身的滚肘大捋。目视前方。（图206）

图 206

（三）详注太极不老春养生心法

1. 气遍身躯不稍滞

一招一式的动作，都要依照前述行气规律进行练气，以达培本固元，抗老葆春。

2. 圆满旋转无障碍

上述分解动作1～5动的转身变换过程要一气呵成，中途不能迟疑停顿，要像旋转一个椭圆形的弧圈那样旋转一圈，以便运用旋转的离心力和身法、手法的变形变劲，在整体转圈中修炼内功内劲，才能促进养生抗老。

若要大转身无障碍的圆满旋转，至少要做到三点：

一要松胯旋胯转胯，由旋胯转体驱动大转身。

二要敏捷地灵活变换重心，从上式左马步靠开始，重心由左腿转移右腿、迅即由右腿转移至左腿，即转身右扣步；随着转身，重心又回转到右腿、左脚撤步；最后重心又回到左腿滚臂大捋。在这四次重心变换过程中，既要分清虚实，又要灵敏快捷，努力做到毫无痕迹的变换身法。

三要做到悬头坠尾一中轴。假如左右两胯是两个轮子，那么从百会至尾闾就是一个中轴，而尾闾又是中轴的轴承，所谓旋胯转体，就是由轴承、中轴的旋转驱动两个轮子旋转，这样才能无障碍地灵活敏捷地圆活大转身。

太极拳的武功与养生抗老，在于调身、调气、调心，而中轴旋转法对于这三调有较好的促进作用，特别对调身有直接作用。因为要做到躯体像中轴那样，必须悬头、正项、平肩、舒胸、拔背、竖脊、松腰、开胯、坠尾、敛臀，这样上下一条直线，不偏不倚，才能始终保持身法的中正安舒，从而改掉生活中形成的驼背弯腰和东歪西斜的坏习惯。不做“驼背老公公”，要做“站如松、坐如钟、行如风”的帅哥。

3. 滚肘大捋又切截

此式“转身大捋”，源于四隅推手（又名大捋推手），这一推手练习的内容虽然以采、挒、肘、靠四法为主，但同时也包含了掤、捋、挤、按以及闪切等法。此式既然名为“转身大捋”，当然以大捋之法为主，但也包含了掤、挤、按等法，尤其包括切截、沉化等法，练习时要充分注意。

所说切截、沉化，一般有两种情况：一是破解对方的“靠”法，我一手执采对方手腕，用另一手的前臂像用刀切物那样截切对方的近肘部位，并向下沉化。另一情况是，在转身大捋过程中，用滚肘之法，边滚肘、边沉化；边沉化边滚肘，把滚肘与沉化、切截合三为一；再加上中轴旋转的大转身，就能较好地收到内功与养生双丰收。

第三十四式　歇步擒打

（一）题注

在诸家太极拳套路中，直接以擒打命名的拳式不多见，仅见陈式太极一路中有“小擒打”一式。

“42式”中这一“歇步擒打”，可能是编写人员综合诸家拳术，并以太极拳原理相融合而成的一个招式，所以是较具创意的一招。

（二）增演动作过程

1. 螺旋开臂

承上势不停，腰胯松沉，上体中正右转，重心移向右腿；同时，带动两臂两拳运行，右臂右拳边内旋边上穿，边螺旋形向上、向外开臂钻拳，拳心向外，置于右额前；左臂内旋，左拳边内旋边向前、向外稍向上穿行，穿至身体左后方穿出，拳心向后，上体中正。目视左前方。（图207）

2. 变重蓄势

承上势不停，随即上体左转，左脚尖外撇，松腰落胯，催动重心前移左腿。

与此同时，带动两拳螺旋运行，右拳旋腕翻转至拳心向上，并边旋转边划弧而下收于右腰间；左拳向前、向上划弧，边划弧边旋转边变拳为掌，掌心转向右，置于左腿前上方。目视左侧前方。（图208）

图 207

图 208

3. 盖步擒打

承上势不停，随即腰胯松沉，重心全部移向左腿，右腿乘势提起，右脚掌横向经左脚前做盖步横落踏实，随即两腿交叉屈蹲，臀部垂向地面，成歇步状态。

在此盖步至歇步的过程中，右拳左掌同时运行，左手翻掌握拳做擒拿状收到腹前，拳心向下，虎口向内；右拳经左前臂之上，向前、向下方打出，高与腹平，拳心向上，至此完成歇步擒打之势，此时面朝西。目视右拳前方。（图209）

图 209

（三）详注太极不老春养生心法

1. 气遍身躯不稍滞

一招一式动作都要依照前述行气规律进行练气，例如动作 1 为吸，动作 2 为呼，动作 3 的盖步为吸、擒打为呼。并随着招式的需要，可调节呼吸频率。例如，演练时如果拳速加快，从滚臂开掌到盖步擒打，在一个吸呼之内完成，做长吸短呼之息。而且呼吸时要意守肚脐，吸时脐窝内敛，吸气至背后的命门穴；呼气时由命门向前送向脐窝，按脐轮调息功进行修炼，练至日久功深，自能行气如九曲珠，无微不至，登长春之道。

2. 螺旋滚翻粘黏随

此式的动作过程，实际上是化解被拿与乘势擒打的过程，其中的核心是两掌两臂进行螺旋滚翻，以便在粘黏连随中化解与发放。

此处的螺旋滚翻，大体上与陈式的顺缠逆缠雷同。不仅是两臂两腕的螺旋滚翻，而且要与腰、胯、腹部的内转相合，才能形成和释放整体性的旋转能量。这种能量，既有助修炼内功与自卫，更能促进身、心、灵的整体健康。

3. 翻掌擒拿松净空

上述动作3中的左手翻掌握拳做擒拿状，实际上是化解被拿和反拿对方的动作。在这化解与反拿的过程中，必须全身心的松净空，包括关节、皮肤、肌肉、骨骼、心灵都要放松，不仅一般的松，而是要达到静空的境界，好像"整条手臂没有了"一样，人家就拿不到什么了，我就自由了，就可以在螺旋滚翻中反拿对方了。

松静空的境界，是太极内功的高境界，不仅能在自卫中获得自由，而且能在修心养性中释放压力，获得超脱。

4. 盖步蹲身气腾然

太极拳都是形体动作与行气调息相结合的运动，所以上述动作3的盖步蹲身、乃至擒打的过程应是一吸一呼的调息过程，而且这一调息过程是长吸长呼的过程，在翻掌擒拿握拳及上步盖步时为长吸，气从肚脐吸入，直通命门，同时丹田内转，气从命门而上至夹脊；右拳打出时呼气，气从夹脊通向两臂，从拳心发出。这一过程，应是内气腾然，"如长江大海，滔滔不绝"是也。

第三十五式　穿掌下势

（一）题注

下势动作，诸家太极都有，不过名称不一，有单鞭下势、雀地龙、翻身下势、下势等名称。

此处的“穿掌下势”与吴式太极的下势相似，所谓“下势穿掌有起伏，屈伸开合建奇功”。不过，吴式的下势是撤步下势，而此处的下势是蹲身伸腿下势，各有巧妙。

“穿掌下势”，则有益于腰、腿、膝及背脊的健康运行，尤其能促进韧带的松柔，对防止腰腿老化、退化很有裨益。

（二）增演动作过程

1. 起身提臂

承上势，腰胯松沉，右腿稳定重心，上体起立，随即左脚收回至右脚内侧，左脚掌虚虚点地，重心九成在右腿，同时上体向右微转。

与此同时，带动两臂运行，两拳均变掌，均随起身而变招，右拳边变掌边内旋，旋转至掌心向外，提至右胸前，略高于肩；左拳变掌，向外旋腕，掌心向右，掌指向左前方，提举于身体左侧。目视左掌前方。此时右腿稳重，左脚虚点，上体中正，精神贯注，蓄势即变。（图210、图211）

2. 蹲身伸腿

承上势，上体继续向右微转，松腰落胯，右腿屈膝半蹲，左腿向左前方伸出一大步；同时，带动两手继续向上、向右划弧，经过面前弧形至身体右侧前，掌心均斜向

下，指尖均高不过头，左掌随屈臂弧形上提至右肩前。此时成半蹲势低架右侧弓步，目视前方，蓄势将穿。（图212）

图 210

图 211

图 212

3. 下势穿掌

承上势，松腰落胯，右腿松沉全蹲，左腿随势伸直，成左仆步，左脚尖微扣，左脚掌贴实地面，不可翘起，上体向左回转；同时，带动两掌向下、向前绕转，转至两掌掌心相对，指尖向左前方，经腹前而下，沿左腿内侧向前方穿去，左掌在前，右掌在后。目视左掌前方，不可俯身

弯腰，应上体中正，全神贯注。（图213）

图 213

【特注】仆步穿掌的姿势有一定难度，难在两点：一是做低架仆步时，应上体中正，切不可低头弯腰，这是仆步的基本要求。如果达不到低架要求，宁可架子放高些，也不要俯身弯腰，尤其是年长者，可以高架练习，只要意念在穿掌下势就可以了。二是仆步的脚掌，要平伏地面，不可翘起，这是对低架而言的，如果练高架子，这个难点也就不存在了。

（三）详注太极不老春养生心法

1. 气遍身躯不稍滞

一招一式动作，都要依照前述行气规律进行练气，以培本固元，抗老葆春。

2. 三田相通冲关节

关于二田相通、三田相通，在介绍前面相关拳招的心法时已说过，此式的特点是在下势过程中的三田相通，所以还须进一步提示。

三田者，即前丹田（脐）、后丹田（命门）以及脐下的下丹田。在蹲身仆步时，这三田相通，一吸而下，促进蹲身稳定，下势有劲；紧接着呼气穿掌，气透掌指，精神贯注。

在此过程中，还要注意气冲关节，才能蹲得下、架势低、有劲道。一般来说，影响低架仆步的障碍，主要是胯与膝两大关节。所以说气冲关节，就是下势之际意念内气冲向胯与膝关节，把它们冲松冲开。此法初练时无甚感觉，日久功深就会有体会。笔者体悟，若持之以恒，确能使关节松柔，增强腰腿内劲，又能防治腰腿老化。

3. 千斤坠地显神威

在蹲身仆步时，心意上要有周身整体下坠的意识，包括松膝下蹲、躯体下坐、臀部下敛、尾闾下坠，以及内气下沉；所有这些，如能一气呵成，就能使蹲身仆步发出“千钧坠地”的神威。

如此，千钧坠地与三田相通，气冲关节，合而为一，就能促进修炼太极整劲；而整劲的修炼，就能促进身、心、灵整体健康长寿。

第三十六式　上步七星

（一）题注

“七星”，是拳术招式中使用的术语、专用名词，是指人体的七个重要部位，即肩、肘、膝、胯、头、手、足七处。行拳过程中，无论何招何式，都要关顾和护卫这些部位，不能有丝毫疏忽。

“七星”之名的由来，还有一说。即以往武林人士，对“两臂相挽，两拳斜对”的招式，一般称之为“七星势”。

那么为何在套路编排中特设这“上步七星”呢？因为此式是紧接着下势之后，是从下而上的招式，当起身之际，尤其要关顾三前七星。“三前”即手前、足前、眼前。因此，各家太极拳中都有“上步七星”一招，足证它的重要性了。

而且多数流派把“上步七星”与“退步跨虎”“转身摆莲”三式编排在一起进行修炼，究其原因，大概是从攻防技术上考虑的。“上步七星”是由下而上、由后而前；“退步跨虎”是由进而退，接着来一个大转身的“转身摆莲”，这三式若能一气呵成，必然妙趣横生。

（二）增演动作过程

1. 起身扬掌

承上势，重心松沉前移左腿，微向左转体，带动左脚尖外撇，右脚尖内扣，上体起身，前腿（左）弓腿，后腿（右）伸直，成左弓步。

在此同时，两掌乘势运行，左掌向前划弧挑起，高与肩平，掌心向右，指尖斜向上；右掌亦随身而起，置于左肘附近，掌心向左，指尖向前，此时须上体中正。目视左

掌前方。（图214）

2. 进步七星

承上势不停，腰胯松沉，重心全部前移左腿，右脚乘势上前一步，前脚掌落地，成高架右虚步。

在右脚上步的同时，带动两手继续运行，两掌都变成拳，右拳向上、向前弧形架起，拳心向外，与左拳两腕交叠，两拳成斜十字形交叉架于身前，右拳在外，左拳在内，两臂圆撑。目视前方，关顾七星。（图215、图216）

图 214

图 215

图 216

【特注】上步七星的两拳架于身前，有两种练法，一种是原版42式的这一练法，另一种是传统的练法。而传统的练法中又有三种情况：一是交于身前的不是两拳相架，而是两掌相交；二是先两拳相架，接着以两拳腕部紧贴的交叉点为轴，自上而下绕一小圈后，再变掌相交；三是在起身扬掌即将由掌变为拳之际，左右两腕各自绕一小圈后再变为拳，相交架于身前。

这几种练法，各有千秋，各有妙趣，如有兴趣，不妨一试。笔者平时练的是传统练法的第三种，即两掌旋腕翻掌变拳上架的练法。

（三）详注太极不老春养生心法

1. 气遍身躯不稍滞

一招一式动作，都要依照前述练气规律进行练气，以培本固元，抗老葆春。

2. 圆撑封门顾七星

动作 2 的进步七星之势形成时，内气内劲要向外圆撑而出，形成圆撑封门的态势。因为从下势起身而上时，必须顾盼四方，预防对方来犯，预防的最佳态势是用圆撑之势，加以封门。所以两掌划弧而上变拳交架时，两臂必须圆撑，加上凝神顾盼，才能发挥封门顾七星的功用。

如何做到圆撑封门？主要应吸气松胯，坐腰敛臀，空胸圆背，两臂及两拳向外圆撑；同时内气内劲由命门而上，通于两臂，从拳发出，从而形成周身都是圆撑的态势。如果不明这圆撑的心法，则无论是炼内功内劲，还是延年不老春，都将徒劳无功。

圆撑，是整体性的圆撑，并非仅仅指两臂的圆撑，而是周身里里外外、上上下下融合为一的整体性圆撑。当然，“圆撑”心法，太极拳各招式都应贯彻，此式因为是由下而上的变招应敌，格外要注意整体圆撑。

3. 两拳架掤寓意多

在两臂圆撑、两拳叠架于胸前时，寓意比较丰富，笔者体会至少有 4 种寓意：

①由下而上起身、两手上架时，切忌走直线，应弧形向上，内含掤意，所谓掤劲不可丢也。

②两手弧形向前、向上的动作与起身上步须上下相随，密切一致，成为一体，不使有缺陷疏漏之处。

③“上步七星”形成之际，宜舒胸扩背，悬头坠尾，不可前俯后仰，弯腰屈背。

④在两拳交掤的态势形成之际，又寓多种变化，可变擒拿与解脱擒拿，也可变一化一发等等，应细细体会这变化之道。

第三十七式　退步跨虎

（一）题注

不少拳术家，以两臂分开、一腿立地、一腿提起（或点地）的姿势称为“跨虎势”，加上此式是连接上式“上步七星”展开的，所以又寓一进一退，卸势迎敌之意。

“42式”中的“退步跨虎”定势，与杨式、吴式“退步跨虎”的定势很相似，即两臂左右展开，右腿独立，左腿提起屈膝做势，可踢可钩。但有一点不同，即在退步展臂后，有一蹲身屈膝、右掌下按的过渡动作，各有妙意。

（二）增演动作过程

1. 退步开臂

承上势，松腰落胯，重心全部移寄左腿，右腿提起，右脚经左脚里侧向右后方斜退一步，重心随即移向右腿，成左虚步。

乘此松沉退步之势，带动两臂左右开劲外掤，右臂滚肘上掤，手腕内旋，掤至右额前上方，掌心向外，臂成弧形，松肩沉肘；同时左臂向左、向下开掤下搂，手腕内旋，俯掌按于左胯前上方；此时右腿稳定，左脚脚趾着地，上体中正，面向西方。双目前视。（图217）

图 217

2. 蹲身压掌

承上势，腰胯继续松沉，稳定右腿重心，左脚稍微后收，涌泉穴着地，置于右脚左侧前；上体左转，并向下屈蹲，成左虚步蹲身势。

在此同时，两手划弧运行，右手向左划弧经头前、继续向左并向下划弧，随着蹲身之势下落于左腿，手背粘按于左腿上，掌心斜向上，掌指向左方；左掌随蹲身而下按于左腿外侧。须左顾右盼，全神贯注，关顾右手及其前方。（图218）

图 218

3. 提腿成势

承上势，腰胯依然松沉，重心全部移寄右腿，上体起身，右脚蹬地独立；乘此起身独立之势，左腿及两手同时运行，左腿向上、向前提举，左膝微屈，脚面自然展平，脚尖稍含内扣之意。

右掌趁起身之势，旋腕转掌向前、向上挑起，成侧立掌，掌心向左，腕高与肩平；同时左掌旋腕变成勾手上提，高与肩平，松肩垂肘举于左方，勾手屈腕、勾尖向下。上体中正，微向左转。目视右掌前方。（图219）

图 219

（三）详注太极不老春养生心法

1. 气遍身躯不稍滞

一招一式动作，都要依照前述行气规律进行练气，以达培本固元，青春不老。

2. 退势四义春常在

这退步跨虎式是紧接着上步七星而设的，目的是修炼进退有度的内功心法，因此要明白这进退有度的心法。从退步之“退”来说，主要是一个“卸”字诀，其含义有四。

一是滚肘卸肩。接从上式七星势退步时，要卸肩滚肘，才能使两臂开挪得法，其中滚肘动作比较明显，而卸肩动作在外形上并不明显，主要是靠内气与心意的运转，带动肩的放松及微小的旋转。

二是巧移重心。从上式“上步七星”重心在左腿，变为本式的重心在右腿，其重心前后变化在于一个“巧”字。说它是“巧”，因为重心的变移也是一种“随”劲，须随着对方来劲以及自身腰胯旋转而变动，不能超前，也不能滞后，须恰到好处，所以说它是巧移。

三是卸在腰胯。上述的卸肩、巧移以及往下的退步，其关键都在胯腰的放松、松沉、旋转，驱动卸肩、巧移、退步，因此腰胯的松沉旋转是“卸”势的关键。

四是退步忌直。此式名为“退步跨虎”，故“退”是重要举动。此处所说的“退”，包含重心后移退身的“退”，以及退步的“退”两种情况，其中关键，切忌直线后退，而应随着腰胯松沉转动、右腿斜线后退一步，以达斜中寓正，避免直退溃退，才能完美的退步跨虎。

明白并实现这卸退四义，既能练好拳架招式，更能促进人生不老春。其作用至少有三：

一是进退应敌，春风得意；二是促进气血流畅、壮腰健肾、腿脚灵活；三是练拳练人，为人处事进退有度，完善太极人生。

第三十八式　转身摆莲

（一）题注

摆莲腿，乃是武术中常见的外摆腿，其腿法的技击功用，是用脚背的外侧横向击敌胸肋或扫其腿膝。太极先贤鉴于此式的身法和腿法的旋转摆动，宛如风摆荷叶，故名转身摆莲。然而，风摆荷叶的风力有大有小，如果从致用的角度考虑，此旋转之风，应像龙卷旋风那样，才能摆转出威风。当然，这是难度较大的，但要尽量转得灵活顺当，不要断断续续，拖泥带水。

至于转身摆莲的养生功能是多方面的，既能促使气血流畅，更能锻炼人体的稳定性、灵活性和平衡功能，可获防跌、抗跌之效。

（二）增演动作过程

1. 圈腿合掌

承上势，松腰落胯，上体开始右转，带动左腿向内圈腿，使左脚随势向右后侧勾踢落地，落于右脚外侧，脚掌着地（注），重心还在右腿；同时两掌划弧运行，左掌心转向上，向前、向上、向右划弧至身前左侧上方，高与眉齐，指尖向上；右掌内旋，掌心向下，划弧向下收至胸前，置于左肘之下，形成两掌两臂前后上下会合之势。此时上体中正，目视前方。（图220）

图 220

【特注】左脚勾踢之势有两种练法：一是原版动作说明1说的“左脚前落，脚跟先着地，脚尖内扣”的练法；二是笔者详注说的，向右后侧勾踢的练法，此种练法有点难度，习者可任选一种，笔者常练的是后一种勾踢之势。

2. 转身穿掌

承上势不停，以松活的腰胯为轴，以左右两脚的脚掌为轮子，向右、向后转身180° ，转至与“上步七星”势成背向，此时重心还在右腿，左脚掌乘势向前挪移寸许，脚掌点地。

乘此转身之势，带动两臂两掌划弧运行，右前臂右掌沿左臂而上，向左上方划弧，置于头部右侧前上方，掌心向外，手指斜向左；左臂左掌与上行的右掌交错而过，向下运行至右胸前，掌心转向左，手指斜向上。此时形成高架左虚步扬掌势，悬头坠尾，凝神前视，气势澎湃。（图221）

3. 移重提腿

承上势不停，重心前移左腿，左脚踏实稳定，右腿放松提起，全神贯注，蓄势即摆。（图222）

图 221

图 222

【特注】此移重提腿势，与以下的摆腿拍脚是紧密相连的，应一气呵成，现提出来列为一点，是为了让练习者注意摆莲腿与交换重心和大腿的放松紧密相连的。

4. 摆腿拍脚

承上势不停，腰胯松沉，重心前移左腿，左腿稳定独立，右腿提起，随着腰胯先左后右的旋转，先向左、向上再向右做扇形外摆，用右脚的外侧横扫踢击。

同时，左前臂上扬，与右手同步旋腕翻掌，使掌心均向左侧挥去，迎着右脚脚背连续拍击，先左掌后右掌，啪啪两响，清脆入耳。此时立身中正，左腿稳定，眼视拍脚，气宇轩昂。（图223）

图 223

【特注】摆腿的高度，一般应与头同高，若老年人或体弱者，可量力而行，能摆踢多高就摆踢多高，不必勉强。再者，双掌能击响脚面固然是好，如果够不到脚面，拍小腿、甚至拍大腿也行，但必须意识到位，即必须是由内向外的摆动，是由腰胯的旋转带动的，不能仅仅上提一下就算了事。换句话说，提摆腿的高度低一点是允许的，但必须有摆腿的意识。

（三）详注太极不老春养生心法

1. 气遍身躯不稍滞

在转身摆莲的动作过程中，应依照前述行气规律进行调息，气遍全身，以培本固元。

2. 转身心法

“转身摆莲”这式的心法，集中在一个“转”字上，由转而穿而摆，所以，转得是否得法，不仅是练好这一式的关键，更是修炼内功、促进延年益寿不老春的要诀。为此，对“转身”的心法详述于下：

①“转身”的深意

太极拳招式中，有转身、回身、翻身、撇身等身法名称，一般的转身只转 30° ~ 90° 之间，如果转 180° 或 270° 、360° ，就称回身与翻身了。至于撇身，那是侧面转身反击之势，只有“转身摆莲”的转身与众不同，它是转身180° ，同样有“转身”之名，因为其转身的内容与要求都不一样。

不但转身的幅度不同，而且转身的速度也不同。大多数招式转身的速度是较慢的，只有少数比较快些，而最快的当然是“转身摆莲”了，要求在快速旋转中产生能量。依照这种心法练拳，能练得意气风发、虎虎生风，用于对阵，能在旋转中出招，先声夺人；用于养生，旋转的能量，能促进身心整体健康。

②“轴”的细说

太极拳每一招式，都要如古典拳论所说，“气如车轮腰如轴”，尤其像转身摆莲等大转身招式更应如此。那么轴和轮具体在哪里？旋转得好才能产生能量。

王宗岳在《十三式行歌》中说：“命意源头在腰隙。”“腰隙”即命门，人的生命源头及心意的源头都在命门，命门及与之相连的尾闾，是人体中心线的末端。如果人体的中心线是一根轴的话，那么命门与尾闾就是这根轴的轴承，旋转时不仅“轴”不能歪斜，“轴承”更须稳定灵活。因此“腰如轴”的概念，应包括“腰隙”（命门）与“尾闾”两者在内，以此保证“轴”与“轴承”两者俱佳，才能毫无障碍地灵活旋转。

不过，这仅是一般意义上的“腰如轴”，这转身摆莲的“轴”，除了腰胯为轴，还有以脚为轴的问题，即上述动作过程 2 所说的“以松活的腰胯为轴，以左右两脚的脚掌为轮子”旋转180°。这腰胯与脚掌是何关系？应该说，“脚掌为轮子”是腰胯为轴的延伸或显现，两者是一体的，或者说是一体二用，不可偏废。

③整体旋转

“转身摆莲”的旋转是整体旋转，并非局部旋转。在太极拳各招式中，凡转身者，不论幅度的大小都是整体性的转动。所谓整体旋转，就是要以心为令、以中轴为中心，协同周身内外各部分同时旋转。这就是说，意念一转，身体各部分无有不转，整个身体像一个陀螺在旋转，像一阵旋风在旋转。

④旋转中摆腿

转身摆莲中的摆腿动作，是靠整体旋转的惯性将腿摆出去的，并非是一条腿的局部动作，只有做到了这一点，才能摆腿有风，才能着实有效。

为了更好地在旋转中摆腿，又必须中定稳固。太极拳的“进退顾盼定”，在旋转摆腿中显得尤为重要。若是身法不正、双肩不平、尾闾不坠、顶心不悬、下盘不固，势必歪歪斜斜，如何能转身如风，摆腿如神，此所谓“己不正，焉能正人”也！

第三十九式　弯弓射虎

（一）题注

此式的定势亮相状态宛如古代猎人打猎时，在马上拉弓射箭的形状，因而得名。

诸家太极拳中一般都设有此式，而且都与“退步跨虎”“转身摆莲”紧密相连，一气呵成。而武式太极拳则把上步七星、退步跨虎、转身摆莲、弯弓射虎、双炮捶等五式合并为一个节序，要求“相系相连，协调连贯，不可散漫”（郝少如著《武式太极拳》）。

“42式”的编排也是在“上步七星”之后，紧接着是退步跨虎、转身摆莲、弯弓射虎。很明显，“42式”集各家之长，且有所前进。

（二）增演动作过程

1. 收腿独立

承上势摆腿拍脚之势，随即腰胯松沉，左腿依然独立站稳，右腿屈膝收于体前，大腿持平，小腿下垂，脚踝放松、脚尖向下，上体微向左转体；同时，两掌拍脚的余势尚在，左掌在前置于身体左侧，右掌在后置于左肩前，掌心均向下；此时上体中正，成左独立、右提腿势。目视左掌前方。（图224）

2. 落步划弧

承上势，腰胯松沉，上体右转向南微偏东，右脚乘势向右肩方落地，脚跟着地，重心还在左腿；同时，两掌划弧下落于上腹前，左掌在前，右掌在后，掌心均向下。目视前方。（图225）

图 224

图 225

3. 右转张弓

承上势，重心仍寄左腿，腰胯松沉，向右旋胯转体；同时，带动两手划弧运行至身体右侧上方，高不过头，两掌边运行边握拳，右拳在上，左拳在下，这两拳上下宛如张弓搭箭状。目视右拳前方。（图226）

图 226

【特注】这转身张弓的动作有两种练法：一是重心前移，成右弓步张弓状；二是重心仍在左腿，成高架右虚步张弓状。笔者常练的是后一种练法。

4. 旋体射虎

承上势不停，随即腰胯松沉，重心前进，边进边向左旋胯旋体，靠这边进边旋之势，驱动两拳同时向左前方打出，形成旋转弓步射虎势，换句话说，这射虎势是靠旋转的离心力把两拳打出去的。

射虎打出的两拳须松肩、垂肘、活腕并松握拳，其运行线路是：左拳经前面向左前方打出，高与鼻平，拳心斜向右，拳眼斜向上；右拳随屈肘同时向左前方打出，至右额前，拳眼斜向下，拳心向外；此时上体中正，成右侧弓步射虎势。目视左拳前方。（图227）

图 227

（三）详注太极不老春养生心法

1. 一气呵成不稍滞

从转身摆莲到弯弓射虎的各个动作过程之间，应密切相连，上下协调，前后连贯，一气呵成，不能迟疑，不能停顿，不能散漫；要慢而不断，绵绵不绝，使各个动作浑然为一。

就“一气呵成”的行气来说，上势摆腿拍脚为呼，本式的收腿、落步、张弓为吸，旋体射虎为呼。这样的呼吸比较深长，可能要求高了，因此，初练者的呼吸频率可以短些，可以进行两个呼吸。但不论吸呼是长是短，在双拳打出射虎时，必须是呼气，使内劲一吐而出，才为得法。

2. 旋转能量不老春

太极拳的内力内劲都是旋转中产生的能量，式式都有此要求，而弯弓射虎是在旋体弓腿的特定过程中边弓腿边旋转产生的能量，也就是在边进边转中迸发出的新能量。

所谓“边进边旋”就是进中有旋、旋中有进，如此产生的能量是全面的、整体的、巨大的，不仅大益于内功内劲的修炼，而且更能增强人体中枢神经系统的机能。而中枢神经系统是调节与支配所有系统与器官的枢纽，使体内各系统与器官的机能活动按照需要统一起来，促进身、心、灵整体健康，进而长寿不老。

第四十式　左揽雀尾

（一）题注

详见第二式右揽雀尾题注。这里要说明的是，揽雀尾既然是太极拳的总手，那么练了右式之后应当练习左式，以便左右互练，促进平衡发展，全面领会其中奥秘。

而且，“42式”编创者，在第一式起势后，紧接着第二式是右揽雀尾，又在最后阶段收势前安排左揽雀尾，可谓有始有终，匠心独运。

（二）增演动作过程

1. 移重左抱球

承上势不停，腰胯松沉，重心后移左腿，上体右转；

同时，带动两拳变掌运行，右掌翻转划弧向下至右腰处，掌心向上；左掌在上，平行划弧，掌心向下，与右掌上下相对，成左抱球状；此时上体中正，面向南稍偏东。凝神前视。（图228）

2. 收脚右抱球

承上势不停，重心松沉前移右腿，左脚乘势收至右脚内侧，前脚掌着地，成丁字步。

同时带动两掌运行，左掌自上而下划弧至左腹前，掌心向上；右掌自下而上划弧至右胸前，掌心向下，两掌成右抱球状；此时上体中正，面向南微偏东，成丁字步右抱球状。目视前方。（图229）

3. 转身左上步

承上势不停，腰胯松沉，稳定右腿，上体微向左转，左脚乘势提起向左前方上步，脚跟先着地；同时，两掌微分，蓄势将掤。目视前方。（图230）

图 228

图 229

图 230

4. 左弓步左掤

承上势，重心松沉前移左腿，弓腿踏实，右腿随之伸展，成左弓步。

与此同时，左手提起，左前臂横屈圆撑，弧形向上、向前掤出，略低于肩，掌心向内，松肩垂肘，左臂成半月形圆撑之掤势；在左臂上掤之际，右掌按落于右胯上方，掌心向下，成左掤右按之势，上体中正。神光前视。（图231）

5. 左转身合掌

承上势，随即向左旋胯转体，催动左手松肩伸臂，边转体边伸臂，转至东偏北时，左掌向内旋腕翻掌，掌心向下，内含采拿之意；同时右掌翻转，经膝前向上、向前划弧，随着左掌前往，伸至右前臂内侧下方，形成左右两掌掌心前后上下斜相对；此时上体中正，成左弓步两掌前后斜相对之势。目视左掌前方。（图232）

图 231

图 232

6. 退身右下捋

承上势，随即重心后移右腿，向后松沉退身，边退身边向右旋胯转体；同时，带动两手臂向右侧后下方捋去，捋中含有采意，捋至右前方，面向南偏西，左掌在下，掌心向下，右掌在上，掌心向上，此时成高架左虚步，上体中正。眼顾右侧。（图233）

7. 左转身搭手

承上势，当捋势将结束之际，随即腰胯松沉，向左回转至面向东；同时，带动右掌随屈臂划弧收至左臂内侧，掌心贴在左手脉门上处；左臂平屈胸前，呈圆撑横臂之势，腕部略高于肘，掌心向内，松肩垂肘；此时重心仍在右腿，成左虚步搭手之势。身正前视。（图234）

图 233

图 234

8. 左弓步前挤

承上势，随即重心前移，腰胯松沉前进，前腿（左腿）弓步进身，后腿（右腿）伸展成左弓步；同时带动两手横臂圆撑向前挤去。这横臂圆撑平挤之法，应注意我之两手有虚实之分，左手在前为虚，意想虚虚地粘着对方胸臂，好比是垫在对方身上的软垫子（但柔中寓刚）；而右手为实，透劲推着软垫子向前挤去，两手一前一后，似有不可阻挡之势；此时立身中正。目视前方。（图235）

9. 坠尾分掌

承上势，当前挤将结束之际，迅即腰胯松沉，尾闾下坠，虚悬头顶；同时，两手变为仰掌（意念掌心虚空），向左右分开，与肩同宽，掌心向上，并内含分合之意。身正前视。（图236）

图 235

图 236

【特注】这分掌之势内含开合之意，其要诀在于悬头坠尾，用坠尾转胯之势，带动两掌两臂分开；同时后腿的膝关节放松微内敛，似屈非屈，似直非直；前腿则下沉踏实，蓄势即变。

10. 后坐回采

承上势，随即重心后移，逐渐坐实右腿，微微右转体；同时，带动两手以肘带领前臂和手腕，用沉劲向右后方回采，两掌边回采边旋腕内翻成侧俯掌，掌心侧向下，采至将近两肋处；此时前腿（左）虚、后腿（右）实，成高架左虚步回采势；须身正、悬头、前视。（图237）

11. 进身前按

承前势，重心前移，腰胯松沉，微微向左转，前腿弓、后腿伸，松沉前进，带动手腕内旋，以腰腿之劲，向前、向上按出，腕高与肩平，掌心斜向前，指尖上扬，松腕舒掌。

在按势将达目的之际，须腰膝微沉、命门微坐、脚掌微踏，并两肩一松、两肘一伸，推动两臂两掌前按，坐腕吐掌，上体中正。双目凝视前方。（图238）

图 237

图 238

（三）详注太极不老春养生心法

1. 以心行气脐轮息

本式左揽雀尾的行气调息，基本上可参照第二式右揽雀尾的调息法。一般情况下，练拳架过程中的脐轮调息，只要做到意守肚脐，注意脐窝吸气、与命门相通就可以了。随着日久功深，再逐步晋阶。

这里要再三说明的是，脐轮调息，两田想通，虽是练气的入门功夫，但很重要，只要坚持修炼，可利肝补肾，迈向长春之道。

2. 练好掤劲利肝肾

关于练好掤劲利肝肾、浑身皆掤春常在、坎离交泰葆青春、培养整体养生观等，与第二式的右揽雀尾基本相同，不再赘述。

第四十一式　十字手

（一）题注

十字者，两臂两腕内外交错，置于面前，状如斜形十字，故名十字手。这是太极拳套路收势前的招式。

各家太极拳都有十字手一招，练法大体相同，不同之处在于有的把它分为两式，即十字手和收势，也即十字手后紧接着收势，取有始有终、回归无极之意；有的则合二为一式，名曰合太极，有的称十字还原。

拳谚说："十字手，打遍天下无敌手。"这是指它的自卫制敌而说的，从养生功能而言，它是修心养性、恢复先天的一个还原阶段。正如武当内丹太极拳的行功口诀所说："十字还原意何在？神聚气合无极归，无形无象无中有，还我先天灵性来。"

（二）增演动作过程

1. 后坐微转身

承上势，腰胯松沉，重心后移右腿，上体微向右转，转至南偏东，带动左脚尖微内扣、右脚尖微外转。

与此同时，带动两手运行，右手随身体右转而划弧摆至前面，松肩屈肘，臂成弧形，右掌置于右脸前，掌心向外，五指松展；左手向右移动，松肩垂肘置于左前方，掌心向外，五指上扬，与左腿上下相对。目随右掌移动而顾盼。（图239）

图 239

2. 右弓步开掌

承上势，重心继续右移，上体继续向右旋胯转体，转至面南略偏西，右腿踏实，左腿自然伸直，成右侧弓步。

在转体的同时，右手弧形摆至身体右侧，掌心斜向前，两掌分举于左右两侧之势，两臂均松肩垂肘。目光关顾右掌。（图240）

3. 左弓步回掌

承上势，松腰落胯，重心左移，上体左转，成左侧弓步；乘此重心转换之势，带动两手向下划弧至身体两侧，掌心向下，形成左侧弓步回掌下按势，上体中正。目视前方。（图241）

图 240

图 241

4. 收脚抱掌

承上势，随即腰胯松沉，重心全部移向左腿，坐身屈膝，带动右脚内收，两脚与肩同宽，脚尖向前，成开步蹲身势。

在蹲身的同时，带动两臂两掌向内合抱于膝前，掌心均向上，上体中正。目视前方。（图242）

5. 正身十字手

承上势，随即上体转正，两腿渐渐起立引体上升；带动两掌交叉成斜十字形（宛如剪刀形），左手在内，右手在外，抱于胸前，随着身体起立，十字手向前、向上掤出，掌心向内，掌背向外，置于上胸前，形成开立步、十字手外掤势，全身持守中定。凝视前视。（图243）

图 242

图 243

（三）详注太极不老春养生心法

1. 气遍身躯不稍滞

在动作过程中，一招一式都要依照前述一般呼吸、拳势呼吸和脐轮调息的规律行气练气，通过练气，逐渐培本固元，抗老葆春。并随着行拳过程的需要而调节呼吸频率。例如动作5的十字手起立，可吸气深细一些，与缓缓起立的身法相合，而呼气时则可相对地稍微短快一些。通过练气，逐渐增本固元，抗老葆春。

2. 开合有度神意先

接上势左揽雀尾按势起，就是随着重心右左移动、两掌两臂的大开大合，须注意开合有度。所谓有度，就是开中有合意，合中有开意，其中的关键是神意为先，在神意的驱使下，一开一合，开中有神，合中有意；为此又必须悬头垂尾，虚实灵活，阴阳相济，完整一气。

3. 上提下坠掤劲满

上述动作5的正身十字手，身法有坐有起。在下坐时，要意想尾闾下坠，带动躯体下沉，坐身屈膝；在起立时，要意想百会穴被拎着往上提，带动躯体上升。加上拳势呼吸的吸气呼气，使躯体中正升降，全身气血流畅，既利内劲生长，又利内丹修炼，促进养生不老。

4. "封接多变"十字功

此式的实用价值，一是养生，二是防身。养生的功用前节已作介绍，至于防身的作用，可概括为"封接多变"四字。

封接就是封接对方来拳。假如我松松站立，两脚不丁不八地站着，发觉对方来拳，迅即松开腰胯，丹田翻劲，两臂十字交错上掤，松沉黏接来拳，切不可硬架硬顶；紧接着迅速变劲，依据接劲时的听劲（感触），随势而变，变法因人因势而异，难以一一说明，仅举四例：

①乘势掤发。接劲后，如感到有机可乘，可以直接用

掤劲发放，毫不迟疑地用弹簧劲弹放而发。

②上变穿梭。接劲瞬间，如感到对方变劲向上攻我，我右臂即随其劲路而滚臂向上穿化，化解其劲；同时右脚上步插裆，左手螺旋形按向对方胸或肩部，形成玉女穿梭势。

③中变前按。向上变化用玉女穿梭势，向中部变化则可用开合的按势。接劲后，感知对方劲路一变，变为双手按我两臂，我即随其劲势，松沉腰胯，两臂松沉外开，右脚趋势偷进一步，重心向后一移，两肘带动两手向后一采，随即重心迅速前移，带动两手翻腕合劲，宛如揽雀尾中按势。

④下变搂按。接劲后，如感对方变劲而下，我即随其劲路，用搂膝拗步的斜进正出法化去其劲，搂掤而按推之，较易得手。

以上变招仅举四变，其实变化多端，不拘一格，可谓“学有定式，用无定法”是也。

第四十二式　收势

（一）题注

顾名思义，收势是一套拳术套路的完美结束。从太极拳来说，收势标志着由无极生太极开始，最后回归无极，担负着总结、归纳、还原的任务，不可草草收场，要认真演练。

（二）增演动作过程

1. 松静开掌

承上势，全身放松，大脑入静，两腕松活向内旋转，促进两掌向内翻转，带动两前臂一边内转、一边向左右分开，与肩同宽，掌心都向前下方，此时上体中正。目视正前方。（图244）

2. 灌气收功

承上势，随即两掌掌心转向内，缓缓向胸前收回，收至将近膻中穴时，徐徐向丹田灌气，然后双掌分置两腿外侧，松肩垂肘，活腕空掌，返回太极起势状态。凝神前视。（图245、图246）

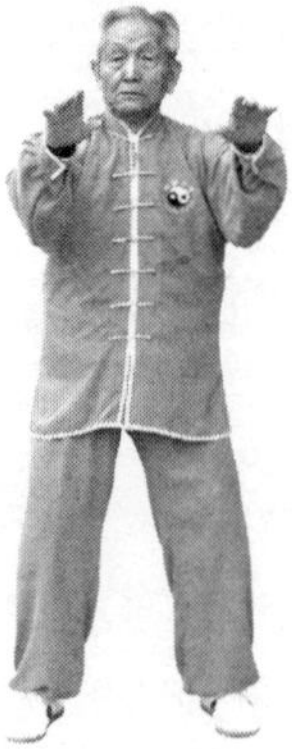

图 244

图 245

图 246

3. 回归无极

承上势，随即左脚收回右脚里侧，两脚合拢，稍留空隙，脚尖向前，悬头垂尾，自然站立，中正安静，归本还原，虚静空灵，无我无他，返回先天。（图247）

图 247

（三）详注太极不老春养生心法

1. 气遍身躯不稍滞

在动作过程中，一招一式都要依照前述练气规律行气练气，并在一般呼吸的基础上，随着招式的需要，调节呼吸频率，以及自始至终脐轮调息，练至日久功深，可返周天。

2. 开合有度济阴阳

接十字手起，两掌分开为开，两手收回为合，开为吸，合为呼，开为阳，合为阴；开中有合，合中有开，阴中有阳，阳中有阴，阴阳相济，乃至阴阳和合，身心整体安康。

3. 行气归元不老春

太极拳整套招式，自始至终是形体动作和内气流转相结合的运动，也是身、心、灵全面修炼的过程，作为收势动作的十字手与收势，动作很简单，意义却很重大，担负着由无极至太极、复归无极的重任，即进入收势归元的佳境。

例如，这一式的灌气，不仅限于此式，而且隐藏着全套动作的纳气，务必缓缓地吸，徐徐地呼，默想全身置于内外气流之中，收足站立于无形无相的无极之中，乃至归根还原。这种细微的心法要静心默察，详为参悟，方能有所感觉，才能渐入精气神、身心灵全面升华的佳境。

才能达到如三丰祖师所言的佳境："保全心身永有精气神也，有精气神才能文思安安，武备动动，安安动动，乃文乃武，大而化之者圣神也，先觉者得其环中，超乎相外矣！"

【特注】当练至第四十一式"十字手"的第4动收脚抱掌时（参见图242），如有兴趣，可以插入演练太极青春功的"凤凰归巢"式，并能顺利地接练十字手收势。具体练法见本书第二篇第六章第一例的介绍。笔者掌练此式，深感能增强青春活力，不妨一试。

第四篇

“42式”太极拳的历史与现状

本册《太极拳不老春养生心法揭秘》一书，既然采用“42式”为不老春心法的载体，那么就应当让读者了解“42式”是什么样的太极拳套路、是在什么历史背景下诞生的、目前人们修炼的情况如何，以及笔者与“42式”的缘渊。以便让读者了解“42式”、熟悉“42式”，然后决定是否接受它。

第一节 “42式”太极拳诞生的历史背景

1989年太极拳发展史上发生了一件影响深远的大事：经国家体委武术研究院审定、由人民体育出版社出版了《太极拳竞赛套路》。这一套路迅速普及全国，乃至推向国外，影响深远。

回顾“42式”问世的历史背景，十分耐人寻味。斯时，“文革”浩劫结束不久，举国拨乱反正，群情奋发，掀起了改革与建设的新高潮。就武术领域来说，亦是万马奔腾，专业武术和民间武术蓬勃发展，各级各项武术比赛经常举行，但是遇到了一个大难题，就是缺乏一个统一的比赛评分标准。例如太极拳流派较多，各有各的衡量标准，比赛时各练各的，如何统一评分，统一的标准何在？这一问题如果不解决，就会影响太极拳运动的进一步发展。尤其是国际武术运动的挑战更为严重。1990年亚运会在北京举行，当时的武术运动已列入亚运会比赛项目，届时用何标准评分。万一别的国家抢先拿出了评分标准，我国作为太极宗主国的地位就会受到影响。

在此严峻形势下，国家体委武术研究院及时组织了武术名家和优秀运动员，精心编制太极拳和长拳、南拳、刀术、剑术、棍术、枪术七个竞赛套路，而且迅速编绘成书出版发行、颁布实施，解决了国内外武术比赛评分难的难题，维护了我国太极拳等武术项目在国际上的地位和声誉，而且对武术的普及和提高起到了积极的促进作用。图4–1这套《太极拳竞赛套路》共计42式，所以大家简称为42式太极拳，又称国家规定套路。

图 4–1

今天，我们在回顾42式太极拳的历史地位时，应当记住编写人员的辛劳和贡献，那是由时任国家武术研究院副院长张山主持编写，由门惠丰、李德印两位教授执笔编写而成。

为了行文的方便，“42式太极拳”简称为“42式”。

第二节 “42式”太极拳已成为一个经典性套路

“42式”自1989年颁布实施以来，经26年的实践，证实它具有权威性、兼容性和群众性，所以已成为太极拳的一个经典性套路。

一、“42式”的权威性

这套太极拳，是由原国家体委组织武术专家编写，经国家武术研究院审定，以国家体委的名义颁布实施的，具有国家级的权威性，成为武术专业队员平时训练的标准、比赛评分的依据。26年来，其权威性与日俱增。

二、“42式”的包容性

这套“42式”的招式内容，综合了陈、杨、吴、孙等诸家太极拳的元素，具有“海纳百川”“相融为一”的风范，初期曾有“综合太极拳”的美誉；再加上编写人员的创意，所以自成一家。

三、“42式”的群众性

原国家体委推广“42式”，既坚持专业比赛的权威性，又注意全民健身的群众性，因此各地体育行政部门、各级武术协会，纷纷举办“42式”辅导员培训班，大力推广，成为群众喜闻乐见的一个太极拳套路。而且采取多种措施，推向世界，练习“42式”的人群与日俱增，已成为国人和世人普遍练习的太极拳项目。

国内许多地方武术协会，常常组织大型太极拳表演，推动“42式”和“24式”太极拳的普及。例如笔者家乡无锡和第二故乡常州市的武术协会经常组织数百人乃至上千人的太极拳表演，规模壮观，深受广大群众和领导部门的欢迎。

第三节　目前“42式”太极拳流行的三种练法

“42式”全面推广以来，由于它的广泛性、群众性，在练法和内涵上有了不少变化与发展，既有统一套路的练法，又呈现不同风格的练法，可谓丰富多彩。

目前，社会上大致有三种练法：

一是专业运动员的练法。所说专业运动员，是指省以上武术队的专业运动员，以及各体育学院和高等院校的武术专业学生。他们按照竞赛规则，进行严格训练。有的专业队运动员，为了在竞赛中获得高分，增加了一些高难度动作。由于各专业运动员之间相互促进，使高难度动作的内涵不断丰富，出现了专业队练法的多样性。

二是民间老拳师的练法。在民间，有些老拳师不以拳术谋生，专致于太极真谛的研究与发扬，他们在推广“42式”时，既按照“42式”的招式程序，又在“42式”招式中加入传统太极拳的内功心法，即有意无意、松柔虚静、行气加圈等练法，也就是修炼内功、内丹，以求长生久视的练法。

三是广大晨练者的练法。每天清晨，散布在公园等绿地上的广大晨练者们，在悠雅的音乐伴奏声中，快快乐乐打太极。他们的练法百花齐放，但都喜气洋洋；无论是青年、中年，还是大妈老头，大家高高兴兴走一回，只求参与，不求其他，只求“生命在于运动”，只求快乐健康，其乐融融。

第四节 笔者与“42式”太极拳的缘起

早在20世纪“42式”问世不久，国家体委和江苏省体委举办师资培训班，由时任江苏武术队总教练钱源泽老师执教。当时，笔者接通知前往南京学习。接着于1991年初夏，笔者提议举办常州武协“42式”辅导员培训班，并任主教练，认真进行教学工作（此事载于1997年常州市体总对本人武术工作的鉴定）。以后，又去美国推广包括“42式”在内的中华武术，来来去去已达15年之久，可谓与“42式”有缘。

在长期自我修炼与教学实践中，笔者一步一步把太极不老春内功心法融入“42式”，取得较好效果，从而认为把“42式”作为详注太极不老春养生心法的载体，是太极内功心法的时代创新，也是“42式”自身发展的内在要求。

当然，如前文所述，各家各式太极拳都是心法的载体，凡练太极者，只要懂得心法，都可以各自依法修炼；当然，也可把这“42式”的心法载体作为参考、借鉴。总之，希望所有太极人士都能修成正果，都能青春不老。

后记

太极拳抗衰老葆青春系列之一《太极拳不老春养生心法揭秘》终于要付梓了。

此时此刻，思潮澎湃，回想起2008年出版《太极内功心法全书》、2009年出版《古易筋经新注汇粹》后，原计划一年一书，然而时隔六年才有本书的付梓，太拖拉了。究其原因，主要是写作计划变动和俗务缠身。

计划变动的主因，是深感在抗老葆青春的世界新潮流中，不能按部就班地按原计划行事了，应顺应新形势、适应新潮流，投入到抗老葆青春的新潮中去。

笔者深深体会到，太极拳是世上最能开发人体生命能量、最能抗衰老葆青春的高雅而又恒氧的运动，于是本系列书的写作计划就顺应新潮而生了。

现在付梓的是这个系列的第一册，还拟撰写太极拳能转化人体不良基因（太极长生不老功）；能使人体活力奔腾的太极骨盆运行功；能舍去旧我得新我的太极放松秘功；能使海底翻浪不老春的太极内丹九层功；能使男人回春、女人养颜的太极青春功等著作。但愿这个计划能顺利实施。

这部拙著的撰写和出版过程，是我很好的学习过程，尤其是编辑李彩玲先生精心、细心的勤业精神，更值得学习。

此次拳照，虽因时间匆促而不尽如人意，但已颇费周章，十分感谢著名老摄影家耿荣兴先生的鼎力相助，还要感谢早期弟子小明、国元、岳平，近期弟子小小明、树荣、爱军、徐博、邱添以及长子新天等人的辛劳，在此一并致谢。

诚请各位方家，批评指正。联系方式：18915018999

钱惕明

2015年11月12日于常州

图书在版编目(CIP)数据

太极拳不老春养生心法揭秘：太极拳抗衰老葆青春系列之一 / 钱惕明著. – 北京：人民体育出版社，2016
ISBN 978-7-5009-4920-6

Ⅰ.①太… Ⅱ.①钱… Ⅲ.①太极拳–养生（中医）
Ⅳ.①G852.11②R212

中国版本图书馆 CIP 数据核字(2016)第 018998 号

*

人民体育出版社出版发行
三河兴达印务有限公司印刷
新　华　书　店　经　销

*

880×1230　32 开本　9.75 印张　215 千字
2016 年 11 月第 1 版　　2016 年 11 月第 1 次印刷
印数：1—4,000 册

*

ISBN 978-7-5009-4920-6
定价：26.00 元

社址：北京市东城区体育馆路 8 号（天坛公园东门）
电话：67151482（发行部）　　邮编：100061
传真：67151483　　邮购：67118491
网址：www.sportspublish.com